Stockholmsnoveller

AF550451

Carina Middendorf ist Schwedin und kommt aus Svenljunga in Västergötland. Sie studierte Soziale Arbeit in Göteborg und arbeitete mehrere Jahre als Sozialpädagogin, bevor sie 2003 die Sprachschule *Svenska Intensiv* in Hamburg gründete. Carina liebt das Kreative am Unterrichten. Seit 2018 verfasst sie gemeinsam mit ihrer Kollegin Elizabet Gerber Andelius den „Sprachkalender Schwedisch", der jährlich mit neuen Inhalten im Helmut Buske Verlag erscheint. Den Vorgänger des vorliegenden Buches, „Väst-noveller – Lerngeschichten aus Westschweden", veröffentlichte sie 2020. www.svenskaintensiv.de

FÖRORD

2020 kom min första lärobok i svenska Väst-noveller – Lerngeschichten aus Westschweden på Helmut Buske Verlag. Jag skrev den eftersom jag tyckte att det fattades texter för dem som lär sig svenska och börjar tycka att bearbetad text i formatet ”lättläst” är för enkelt, men ”vanliga” romaner fortfarande lite för svåra. Den aktuella boken Stockholmsnoveller – Lerngeschichten aus Stockholm är på samma nivå. Båda böckerna passar bra för dem som befinner sig på b-nivån enligt CEFR (Common European Framework of Reference).

Den här gången har jag valt Stockholm som bas för fyra noveller. Platserna och allt som berättas om dem är stämmer, men personerna som jag skriver om har jag hittat på.

Du kan läsa boken som en lite lättare novellsamling, där du får veta en del om vardagslivet i Sverige. Om du vill jobba mer intensivt med texterna finns det i varje novell rutor med rubrikerna *fakta*, *geografi*, *grammatik* och *ordförråd* där du kan få veta mer. Ibland finns det övningar i rutorna. Texterna där för inte berättelsen framåt, så du missar inget av handlingen om du hoppar över dem.

Efter varje novell finns det en *gloslista* med de viktigaste glosorna i den ordningen de dyker upp i texten. Det finns också *diskussionsfrågor* till varje novell. De kan du fundera på ensam eller i grupp. *Facit* till övningarna i rutorna hittar du längst bak i boken. Det finns inget facit till diskussionsfrågorna.

För att öva din hörförståelse, kan du på Helmut Buske Verlags hemsida (www.buske.de/stockholmsnoveller) kan du lyssna på skådespelaren Petter Bjällö. Han har läst in alla fyra novellerna.

Hoppas att du har kul när du läser!

Carina Middendorf

VORWORT

2020 erschien im Helmut Buske Verlag mein erstes Schwedisch-Lesebuch Väst-noveller – Lerngeschichten aus Westschweden. Ich habe es geschrieben, weil ich bemerkt habe, dass es an Texten für die Schwedischlernenden fehlte, die sich mit dem Format „leicht zu lesen" langweilen, sich jedoch gleichzeitig noch nicht an „normale" Romane herantrauen. Das aktuelle Buch Stockholmsnoveller – Lerngeschichten aus Stockholm ist auf demselben Niveau angesiedelt. Beide Bücher sind für diejenigen geeignet, die auf der Niveaustufe B des GER (Gemeinsamen Europäischen Referenzrahmens) sind.

Dieses Mal habe ich Stockholm als Basis für vier Kurzgeschichten gewählt. Die Orte und alles, was man darüber erfährt, sind real, aber die Personen, über die ich schreibe, habe ich frei erfunden.

Du kannst das Buch als einen etwas leichteren Kurzgeschichtenband lesen, mit dem du einiges über das Alltagsleben in Schweden erfährst. Wenn du dich intensiver mit den Texten beschäftigen möchtest, gibt es in jeder Kurzgeschichte einige Kästen mit den Rubriken *Fakten*, *Geografie*, *Grammatik* und *Wortschatz*, durch die du noch mehr herausfinden kannst. Manchmal gibt es auch Übungen in den Kästen. Die Texte darin führen die Geschichten aber nicht weiter, das heißt, du verpasst nichts von der Geschichte, wenn du sie überspringst.

Nach jeder Kurzgeschichte gibt es eine *Vokabelliste* mit den wichtigsten Vokabeln in der Reihenfolge, in der sie im Text vorkommen. Es gibt auch *Diskussionsfragen*, über die du allein oder mit der Gruppe nachdenken kannst. Einen *Lösungsschlüssel* zu den Übungen in den Kästen findest du am Ende des Buches. Es gibt keine vorgegebenen Lösungen zu den Diskussionsfragen.

Um dein Hörverstehen zu trainieren, kannst du auf der Webseite des Helmut Buske Verlags (www.buske.de/stockholmsnoveller) dem Schauspieler Petter Bjällö zuhören. Er hat alle vier Kurzgeschichten eingelesen.

Viel Spaß beim Lesen!

Carina Middendorf

VAXHOLMSDEJTEN

PERSONER

Cajsa, 22, lite blyg och försiktig, men nyfiken på Pontus
Pontus, 24, hjälpsamt barnbarn och hundälskare
Morfar, 72, Pontus bullbakande morfar
Linnea och Bella, Cajsas kompisar

Cajsa följer med sin nya bekantskap Pontus ut i skärgården. Där träffar de både Pontus morfar och hunden Trixi. Och Cajsa börjar tycka att Pontus är riktigt trevlig.

Cajsa är sent ute och skyndar sig in på vårdcentralen. Hon hatar att komma för sent! Hon ringde förra veckan och bokade en tid för att äntligen bli vaccinerad mot TBE. Hon gillar att vara ute i skogen och den här sommaren vill hon slippa att vara rädd för att få ett fästingbett och oroa sig för att få fästingburen hjärnhinneinflammation. → 1

FAKTA **1**

Om du till exempel vill bli vaccinerad eller är sjuk och behöver vård, går du till vårdcentralen. Där arbetar bland andra läkare och sjuksköterskor. Den är öppen på vardagar. Du betalar en patientavgift när du besöker vårdcentralen.

Viktigt! Innan du går dit, ring först sjukvårdsupplysningen. Det kan hända att de ger dig så bra tips, att du kan du behandla dig själv och inte behöver träffa sjukvårdspersonal. Läs mer här: **www.1177.se**

Efter att hon har anmält sig hos damen i receptionen, sätter hon sig i väntrummet och pustar ut. Hon hade stressat så för att hinna i tid! Nu känner hon hur svetten rinner på ryggen. Hon hoppas att det inte syns genom blusen och för säkerhets skull lutar hon sig inte mot ryggstödet. Hon tar upp en gammal veckotidning från bordet och ska just börja läsa ett recept på saftig äppelkaka, när hon blir uppropad.

Hon släpper tidningen, reser sig upp och går mot sköterskan som ropat upp hennes namn. ”Hallå!” hör hon från väntrummet. Hon stannar till och vänder sig förvånat om. En ung man i hennes egen ålder vinkar tafatt till henne. ”Min morfar här”, säger han och pekar på den äldre mannen brevid sig, ”säger att jag ska be om ditt telefonnummer. Han säger att en så snygg ung dam kan man inte låta försvinna iväg!” Morfar nickar och ler med hela ansiktet. ”Min Pontus”, säger han, ”är lite blyg av sig!” ”Tack för komplimangen”, skrattar Cajsa, ”men nu är det min tur, så det är bäst att jag följer med.”

När hon kommer ut igen, är både den där Pontus och hans morfar borta. ”Lika bra det”, tänker Cajsa. ”En morfar som blandar sig i sitt barnbarns kärleksliv. Det var ju inte alls säkert att han skulle vara lika intresserad som sin morfar och då hade det verkligen kunnat bli pinsamt.”

Veckan därpå skulle Cajsa träffa sina kompisar Linnea och Bella på café Vetekatten. Den här gången är hon i god tid och sitter redan i den röda soffan och ser direkt när Linnea kommer inrusande från Kungsgatan. Linnea balanserar brickan med kaffe och kardemummabulle fram till bordet där Cajsa sitter. Bella kommer in genom dörren och vinkar till dem. → 2

GEOGRAFI **2**

Café Vetekatten på Kungsgatan är en institution i Stockholm! Ester Nordhammar öppnade caféet 1928 och det är fortfarande många som uppskattar Vetekattens goda bakverk. Idag finns det sju Vetekatten-caféer i huvudstaden.

Alla caféerna utom ett, ligger i den absoluta innerstaden. Vet du vilket som inte gör det?

1. Kungsgatan
2. Gamla brogatan
3. Centralplan
4. Vasagatan
5. Hamngatan
6. Eugeniavägen
7. T-baneplan

www.vetekatten.se

Cajsa vinkar tillbaka och får till sin förvåning se en ung man bakom Bella, som vinkar med stora yviga rörelser och ler så att tänderna syns. Cajsa undrar om han vinkade till henne och när han kommer fram till deras bord, förstår hon att det var så. Och nu känner hon igen Pontus från vårdcentralen!

”Men nu kanske du kan tala om vad du heter?” säger han. ”Sist hann vi ju inte med det. När du kom ut, hade vi redan hunnit gå och i receptionen ville de absolut inte tala om vad du hette. Sekretess och så, du vet.” Cajsa nickar och lägger märke till att han faktiskt är ganska söt. ”Pontus Bergström”, säger han. ”Du hittar mig lätt på Facebook! Jag har en hund på min profilbild!”

Han försvinner till disken för att köpa valnötsbröd och Cajsa ser förvirrat efter honom. ”Vem var det där?!” undrar Bella och Linnea. ”Jag vet inte riktigt”, säger Cajsa. ”Jag träffade honom på vårdcentralen i förra veckan när jag var där för att ta min TBE-spruta.” Mer hinner hon inte säga innan Linnea och Bella frustar av skratt! ”Vad ska man ha Tinder till när man kan ragga på vårdcentralen?!” skrattar Bella. ”Kärlek på lasarett”, säger Linnea ”var inte det någon schlager från 60-talet? Du får skriva en ny, men förälskad på vårdcentralen låter inte lika bra!” Cajsa tycker inte att situationen är lika roligt som Bella och Linnea tydligen tycker. Hon biter i sin ostmacka och funderar på hur hon ska få dem att sluta. ”Men kom igen nu då”, säger Bella. ”Berätta mer!” → 3

När Cajsa kommer hem, tar hon en kopp te och mobilen med till i sängen och går in på sitt Facebookkonto. Pontus hade rätt, det var lätt att hitta honom. Det finns bara en Pontus Bergström i Stockholm som har en hund på sin profilbild. Cajsa kollar upp informationen och det verkar åtminstone som om

 ORDFÖRRÅD **3**

Bella retar Cajsa och säger att hon raggade på vårdcentralen. Bella menar att Cajsa letade efter en partner. Hon skulle också kunna ha sagt att Cajsa stötte på Pontus.

att ragga på någon (raggar | raggade | raggat)
att stöta på någon (stöter | stötte | stött)

OBS! Om du betonar partikeln **på** i uttrycket **stöta på**, betyder det att du springer på någon av en tillfällighet på stan eller någon annanstans.

han är singel. Han är inte särskilt aktiv. I hans tråd finns mest gamla gratulationer på födelsedagen och på de foton han har publicerat är det mest bilder från skärgården. Och så hunden, förstås. Det är en brun mellanstor hund. Cajsa är inte säker, men det skulle kunna vara en labradoodle.

”Hej!” skriver hon i messenger-fältet på Facebook. ”Gullig hund du har! Är det en labradoodle?” Hon trycker på skicka innan hon hinner ångra sig. Egentligen är hon ganska blyg och brukar verkligen inte ta kontakt med främlingar. Den lilla gröna punkten bredvid Pontus namn lyser, så han är aktiv. Det suger till i magen på Cajsa. ”Tänk om han inte svarar?”

Hon tar en stor klunk te och tittar upp i taket. Efter ett par minuter plingar det till. ”Hej Cajsa Eriksson! Nu vet jag äntligen vad du heter!!” Innan Cajsa ens hinner svara, plingar nästa meddelande upp: „Ja, Trixi är en labradoodle men det är inte min hund. Det är morfars. Du känner ju redan min morfar! Det var han som försökte fixa en dejt med dig på VC ☺ → 4

Cajsa ler och svarar med en smiley. Innan hon vet ordet av, har klockan hunnit bli halv elva och nästa gång gång hon tittar, är klockan kvart över elva. ”Nej, nu måste jag sova!” skriver hon. ”Ska upp tidigt i morgon!” och en gäspande smiley. Pontus skickar en vink-smiley tillbaka och ”God natt! Sov gott! Hörs vi imorgon? ” Cajsa skriver: ”God natt! Vi hörs!” Hon skriver inte att de ska höras imorgon, det verkar lite för angeläget. Och hon skriver inte ”kram” heller, av samma anledning.

Efter ett par kvällars intensivt chattande, föreslår Pontus att de ska göra en tur till skärgården på söndag. ”Vädret verkar bli fint och jag ska ut med lite grejer till morfar. Han bor på Vaxön, i Vaxholm. Det är härligt där, åtminstone innan alla turisterna har kommit!” Cajsa har hunnit bli rejält nyfiken på Pontus under de kvällar de chattat, så hon säger ja. ”Vi ses strax efter nio på Strömkajen, det blir kul!” avslutar Pontus på fredagkvällen. → 5

GRAMMATIK 4

Possessiva pronomen talar om vem som äger något. Kolla i tabellen så är det lätt:

	en	ett	plural
jag	min	mitt	mina
du	din	ditt	dina
han	hans	hans	hans
hon	hennes	hennes	hennes
hen	hens	hens	hens
vi	vår	vårt	våra
ni	er	ert	era
de	deras	deras	deras

Sätt in rätt possessivpronomen i luckorna!

1. ”Vems kaffe är det?” undrar Cajsa. ”Det är ____________”, säger Bella och pekar på Linnea.
2. ”Det är inte ____________ hund”, säger Pontus. ”Det är morfars.”
3. ”Är det ____________ valnötsbröd, Pontus?” frågar Cajsa.
4. ”Bella och Linnea är ____________ bästa vänner”, berättar Cajsa.
5. ”Vetekatten är ____________ favoritcafé”, säger tjejerna.

GEOGRAFI 5

Strömkajen ligger mitt i Stockholm i närheten av Kungsträdgården. Kajen är en av Waxholmsbolagets största terminaler. Härifrån kan du ta en båt ut till Dalarö, Möja eller någon annan spännande ö.

www.waxholmsbolaget.se

Sedan är det tyst på chattfronten hela lördagen och Cajsa börjar undra om han har ångrat sig. Hon ägnar lördagen åt att handla, städa och tvätta. När Linnea messar vid fyratiden och frågar om hon vill följa med ut, påstår Cajsa att hon är för trött och att hon inte orkar. ”Men kom igen!” är det givna svaret från Linnea. ”Vad är det med dig? Du kan ju sova ut imorgon!” Cajsa svarar inte. Hon hade tänkt att ta ett långt bad, läsa lite i badkaret och sedan lägga sig tidigt, så att hon inte skulle försova sig till den första dejten med Pontus. Men är det ens en dejt, att ta båten ut till Vaxön och hälsa på hans morfar?

Linnea ringer och innan Cajsa hinner säga något alls ropar Linnea upphetsat: ”Ska du på dejt?! Med den där killen från vårdcentralen?” Cajsa suckar och förstår att Linnea direkt märkte att det var något. ”Nej, jag är hemma och jag ska inte gå någonstans ikväll. Men i morgon ska jag träffa honom och vi ska åka ut i skärgården …”. ”Guuud!” ropar Linnea, ”så romantiskt! Hur mår du, är du nervös?” Cajsa suckar och förklarar hur det ligger till. ”Jag vet inte ens om det är en dejt, liksom. Vi ska ju bara ut till hans morfar!” ”Jodå!” hojtar Linnea, ”visst räknas det som en dejt!” Cajsa är fortfarande inte säker på det, men märker att det hela får Linnea att sluta tjata på att hon ska hänga med ut i alla fall. Alltid något! → 6

På söndag morgon kommer ett meddelande från Pontus: ”Glöm inte baddräkten!” Baddräkt? Är han inte klok? Det är faktiskt precis nätt och jämnt april, menar han att de ska bada? Cajsa bestämmer sig för att låtsas att hon inte sett meddelandet, men så ser hon sitt ansikte brevid texten som visar att hon läst och fattar att det inte funkar. Suckande stoppar hon ner sin röda baddräkt.

”Hoppas att han hinner glömma bort det där med badet”, tänker Cajsa på väg till Strömkajen. Hon vill verkligen inte bada vid den här tiden på året, inte i Sverige i alla fall. ”Om man har tur kanske det är tolv grader.”

När Cajsa kommer fram, nästan en kvart innan båten ska gå, är Pontus redan där. Han sitter på en bänk och sträcker näsan mot solen. Han blundar. Brevid sig på bänken har han en stor svart ryggsäck och vid fötterna står en gammal skamfilad resväska. Cajsa stannar till och tittar på honom en minut innan hon säger något. Han ser så himla avslappnad ut! Han ser verkligen inte ut som om han ska på dejt, hinner hon tänka innan han öppnar ögonen och ser på henne. ”Hej! Där är du ju!”

Cajsa står kvar och känner sig ertappad. Tänk om han förstår att hon stod och tittade på honom medan han satt där och blundade? Hon mumlar något ohörbart till hälsning. Han störtar upp från bänken, springer de få stegen fram till henne och håller ena handen bakom örat. ”Vad sa du? Jag hörde inte riktigt. Sa du hej Pontus, så roligt att äntligen träffas?” Cajsa ler och känner hur nervositeten rinner av henne. Den här grabben är lätt att umgås med, det känner hon tydligt!

”Kom, hjälp mig med resväskan på båten!” ropar Pontus, för i samma stund får man gå ombord. Cajsa hugger tag i resväskans handtag och undrar vad i all sin dar det kan vara i den. ”Tänker du flytta ut helt till ön?” Pontus går uppför landgången med sin stora ryggsäck. ”Nej, det är morfars tvätt. Han är bra på att laga mat, men kass på att tvätta, förstår du. Så jag brukar tvätta åt honom. Han har förresten lovat att fixa käk till oss. Det är nämligen dealen: jag tvättar och så får jag en portion av morfars fantastiska fisksoppa.” → 7

GRAMMATIK 6

De svenska verben är indelade i grupper. De första tre grupperna räknas som regelbundna. I den fjärde gruppen finns de starka och de oregelbundna*.

	infinitiv	presens	preteritum	supinum
1	dejta	dejtar	dejtade	dejtat
2a	hänga	hänger	hängde	hängt
2b	märka	märker	märkte	märkt
3	må	mår	mådde	mått
4	skriva	skriver	skrev	skrivit
4*	gå	går	gick	gått

Vilken grupp hör verbet till?

1. sovit (supinum) hör till grupp _____
2. ringer (presens) hör till grupp _____
3. läste (preteritum) hör till grupp _____
4. tjatar (presens) hör till grupp _____
5. bott (supinum) hör till grupp _____
6. sprang (preteritum) hör till grupp _____

ORDFÖRRÅD 7

Ojdå! Tre fåglar har smugit sig in i ordmolnet med fiskar. Vilka är det som hör hemma i luften och inte i vattnet?

abborre gös gök

gädda sidensvans harr ål

fasan röding

lake

Och förresten, alla fiskarna och fåglarna ovan är en-ord.

Cajsa tänker att Pontus verkar vara snäll och omtänksam. Hon är grymt tacksam för att han inte har packat champagne i resväskan för att imponera på henne. Hon kan inte tänka sig något värre än kristallglas och champagne i solnedgången på någon klipphäll ute i skärgården på första dejten! Det skulle bara vara för mycket, alltså! Cajsa skulle hellre vilja ta det lite lugnt i början och så får man se hur det hela utvecklas, liksom.

De sitter ute på övre däck. Det kändes ganska varmt när de stod på kajen, men ute på vattnet blåser det och trots att solen skiner så är det kallt. Cajsa snor halsduken ett extra varv runt halsen och funderar på om han verkligen menade allvar med det där att bada. ”Fryser du?” undrar Pontus uppmärksamt. Cajsa nickar. ”Ja, lite”, säger hon sanningsenligt. ”Vi kommer till morfar lagom till elva-kaffet och jag är säker på att han har bullat upp ordentligt”, säger Pontus. ”Och du kan lita på att det inte är råkost och äpplen han bjuder på, utan alla hans kakor kommer att vara bakade på smör och socker!” De sitter tysta brevid varandra och tittar på solens glitter i vattnet och Cajsa njuter av den friska luften och glömmer alldeles bort att vara nervös. → 8

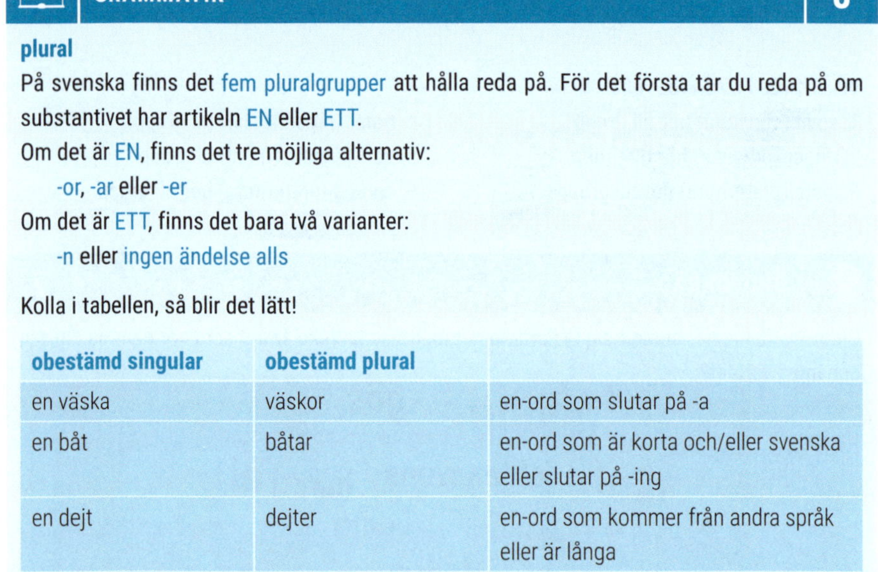

GRAMMATIK 8

plural

På svenska finns det fem pluralgrupper att hålla reda på. För det första tar du reda på om substantivet har artikeln EN eller ETT.

Om det är EN, finns det tre möjliga alternativ:

-or, -ar eller -er

Om det är ETT, finns det bara två varianter:

-n eller ingen ändelse alls

Kolla i tabellen, så blir det lätt!

obestämd singular	obestämd plural	
en väska	väskor	en-ord som slutar på -a
en båt	båtar	en-ord som är korta och/eller svenska eller slutar på -ing
en dejt	dejter	en-ord som kommer från andra språk eller är långa
ett äpple	äpplen	ett-ord som slutar på vokal
ett champagneglas	champagneglas	ett-ord som slutar på konsonant

När de kommer fram till bryggan i Vaxholm, spänner Pontus på sig ryggsäcken och Cajsa hjälper honom med resväskan. De går i land och Pontus tar täten. Cajsa skjuter på resväskan som Pontus drar i. Den är inte särskilt tung fast den är ganska stor.

Det är inte så långt att gå från båten. Pontus stannar framför ett rött trähus med en liten veranda. Det står ett träd på tomten, men det har inga blad än så Cajsa vet inte vad det är för ett träd. Staketet är också rött, men borde målas. ”Här är det!” säger han glatt och skjuter upp grinden. Den gnisslar lite och Cajsa tänker att den borde oljas också.

Morfar står på verandan och brevid honom sitter hunden på Pontus profilbild. Morfar ler lika stort som han gjorde på vårdcentralen. ”Nej, men ser man på!” trumpetar han som om han ville höras över hela ön. ”Är det inte den sköna damen från sjukstugan? Kom in, kom in. Välkommen ska hon vara!” Hunden skuttar fram till Pontus och han böjer sig ner och kliar den bakom öronen. ”Det här är Trixi”, säger han till Cajsa. ”Och Trixi, det här är Cajsa!” Cajsa låter Trixi nosa på hennes hand. → 9

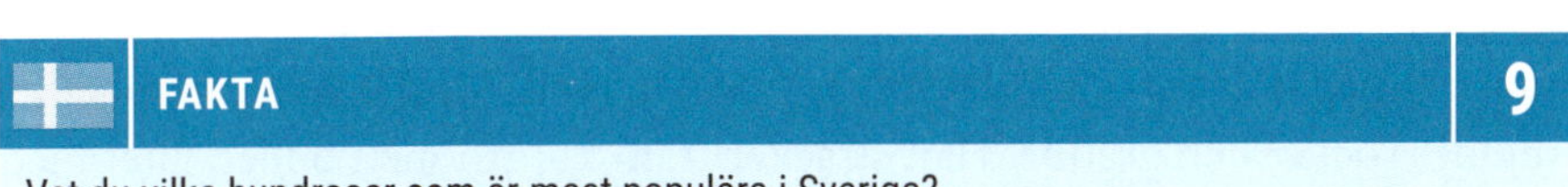

Vet du vilka hundraser som är mest populära i Sverige?
På första plats kommer labrador retrievier, på andra golden retrivier och på tredje kommer tysk schäferhund. På fjärde plats kommer jämthund, på femte staffordshire bullterrier och på sjätte kommer cocker spaniel.

Informationen kommer från den Svenska Kennelklubben (**www.skk.se**).

Morfar sträcker ut handen mot Cajsa och drar in henne i stugan. Handen är varm och mjuk. Det doftar härligt av kaffe och nybakade bullar. ”Så”, säger morfar, ”ställ tvätten i hallen, Pontus! Elva-kaffet dricker vi i köket.”

Hunden lägger sig i en hundkorg bredvid spisen. Morfar har dukat med tunna porslinskoppar, sockerskål och gräddsnipa. På kakfatet känner Cajsa igen flera av småkakorna. Det är drömmar, hallongrottor och kokoskakor med toppen doppad i choklad. Och så finns det schackrutor och en liten kaka som Cajsa tror är en mördegskaka med nötter på. En tigerkaka ligger på ett eget fat och bullarna har morfar lagt i en korg. ”Varsågod, ta för er nu!” säger han och föser Cajsa framför sig mot bordet. ”Varsågod och sitt!” Pontus kommer in i köket och och sätter sig brevid Cajsa vid bordet. ”Morfar, idag har du verkligen överträffat dig själv!” → 10

 **FAKTA** **10**

Förr var det vanligt att bjuda på sju sorters småkakor, vetebröd och en mjuk kaka när man hade kafferep. Om någon fyllde år kunde en gräddtårta ersätta den mjuka kakan. Det var viktigt att det var just sju sorter, för om man bjöd på färre kunde gästerna tycka att man var snål. Men det var inte heller bra att bjuda på för många: då kunde gästerna tycka att värdinnan var högfärdig!

Idag är det inte så noga med antalet sorter, så om du vill bjuda på kaffekalas, kan du bestämma själv hur många sorters kakor du vill bjuda på. Här hittar du flera recept, om du blev sugen på att baka: **www.ica.se** eller **www.svt.se/recept**

Morfar ler förläget. ”Det är ju inte varje dag som jag får dam-besök!” Pontus skrattar högt och hans tänder syns. ”Men morfar, du rodnar ju! Jag trodde inte ens att man kunde rodna när man fyllt 70.” Cajsa tycker att samtalet är ganska pinsamt. ”Nu ska det bli gott med kaffe!” säger hon för att få de två männen att prata om något annat. Och det lyckas hon bra med. Morfar häller upp kaffe, erbjuder socker och grädde. Han sträcker fram korgen med bullar, fatet med tigerkakan och pekar på kakfatet. ”Ta för er nu”, säger han uppmuntrande. ”Det är allt bakat med smör, ska ni veta.”

Bullarna är mjuka och saftiga, småkakorna knapriga och härliga. När Cajsa tar den lilla mördegskakan med nötter och pärlsocker, frågar hon vad den sorten heter. ”Åh, den lilla rackaren”, säger morfar, ”det var Pontus mammas favoritkaka. Det är en finsk pinne. Vill du ha receptet, kanske?” Cajsa lägger märke till att den gamle mannen pratar om Pontus mamma i förfluten tid. ”Jag bakar inte så ofta”, svarar hon, ”men det kanske jag ska börja med. Det är ju så himla gott alltihop!” Morfar tar glatt emot komplimangen. ”Annars är du välkommen ut till mig, när du blir fikasugen! Jag har alltid ett par småkakor i frysen, ser du.”

Efter kaffet tar Pontus med sig Trixi och Cajsa ut på en promenad. Morfar vill inte följa med. ”Gå ni bara”, säger han, ”så kan jag vila mina gamla ben en stund.” Det känns skönt att komma ut och röra på sig lite efter alla kakor, tycker Cajsa.

”Han vill väl, morfar, det gör han faktiskt. Men ibland tar han i lite väl mycket”, säger Pontus när det kommit en bit bort från stugan. ”När jag var liten tyckte jag att han var sååå pinsam. Han lät mig inte gå hem själv från skolan, som alla andra ungar gjorde. Han stod utanför och väntade. När jag bad honom sluta med det, så ställde han sig lite längre bort och följde efter mig på avstånd i stället. Det var ju bara ännu mer pinsamt!” Cajsa skrattar när hon föreställer sig Ponus morfar smygande efter sin dotterson hem från skolan.

”Växte du upp här ute på ön?” undrar hon. Hon har inte glömt att den gamle mannen hade pratat om Pontus mamma som om hon inte längre fanns. ”Nej, men jag var alltid härute på loven”, säger Pontus. ”Och morfar bodde inne hos mamma och mig i stan när jag gick skolan. Mamma reste ganska mycket i jobbet och vi hade barnflickor som hjälpte till när jag var liten. Morfar tyckte att hon var en urkass morsa, så han flyttade helt enkelt in hos oss.” Pontus tar Cajsa i handen. ”Kom! Vi går ner till Roddarhuset! Där kan man bada, om man vill. ” Cajsa stelnar till. Herregud, han tänker verkligen bada! → 11

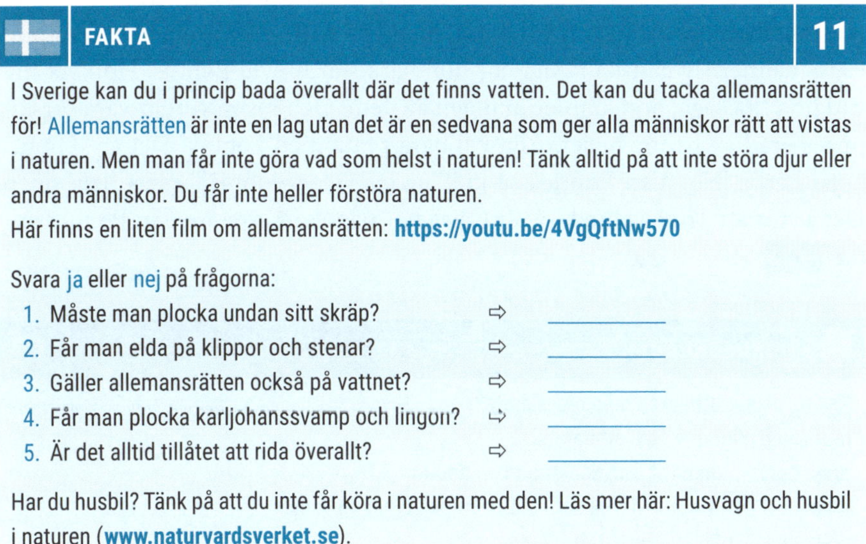

FAKTA **11**

I Sverige kan du i princip bada överallt där det finns vatten. Det kan du tacka allemansrätten för! Allemansrätten är inte en lag utan det är en sedvana som ger alla människor rätt att vistas i naturen. Men man får inte göra vad som helst i naturen! Tänk alltid på att inte störa djur eller andra människor. Du får inte heller förstöra naturen.
Här finns en liten film om allemansrätten: **https://youtu.be/4VgQftNw570**

Svara ja eller nej på frågorna:

1. Måste man plocka undan sitt skräp? ⇨ ________
2. Får man elda på klippor och stenar? ⇨ ________
3. Gäller allemansrätten också på vattnet? ⇨ ________
4. Får man plocka karljohanssvamp och lingon? ⇨ ________
5. Är det alltid tillåtet att rida överallt? ⇨ ________

Har du husbil? Tänk på att du inte får köra i naturen med den! Läs mer här: Husvagn och husbil i naturen (**www.naturvardsverket.se**).

Pontus hinner inte märka att Cajsa är skeptisk, för de möter just en ung man med två små barn. ”Tjena Pontus!” hojtar mannen. ”Kolla ungar, lek-Pontus, han vill säkert hänga med oss hem och leka med er i sandlådan!” ”Hej Axel,” säger Pontus och ger honom en vänskaplig dunk i ryggen. Pontus släpper Cajsas hand och går ner på knä framför de två flickorna. "Och oj vad ni har vuxit, Meja och Tuva!" Han rufsar om dem i håret och reser sig upp igen. "Ingen lekstund i dag, Axel, tyvärr." säger han till pappan. "Idag har jag med mig Cajsa och tänkte visa runt henne lite på ön. Nu ska vi först till badplatsen vid Roddarhuset. Där kan ju Trixi få sig ett dopp om hon vill." Axel flinar och lägger sin hand på Pontus axel. "Ja, det är bara hundar som badar frivilligt i början på april."

Pontus tar Cajsas hand igen och går vidare mot badplatsen. Trixi skuttar framför dem och verkar veta vart de är på väg. Cajsa hinner inte fråga om han verkligen tänker bada, innan en äldre dam tittar upp över häcken till sin trädgård. "Nej men Pontus!" ropar hon. Hennes röst låter både glad och överraskad. "Så roligt att se dig! Vill du komma in på en kopp? Eller du har väl redan druckit hos Erik, kan jag tänka mig?" Pontus ler och svarar artigt. "Hej tant Anna! Jo, vi har redan druckit kaffe hos morfar. Det här är Cajsa, förresten. Jag visar henne runt lite."

Och så håller det på. Cajsa och Pontus hinner aldrig särskilt långt, innan de måste stanna, för att någon vill hälsa, bjuda på kaffe eller prata bort en stund. Cajsa känner sig ganska fånig, när hon bara står brevid Pontus. Hon vet inte vad hon ska säga, hon känner ju ingen av dem. Och ingen verkar vara särskilt intresserad av henne heller. Alla vill bara prata med Pontus! Det är "Pontus, kolla här!", "Nej men Pontus, så kul!" och "Tjena Pontus!" mest hela tiden. Det är tur att Trixi är med, så att Cajsa har något att göra medan Pontus pratar. → 12

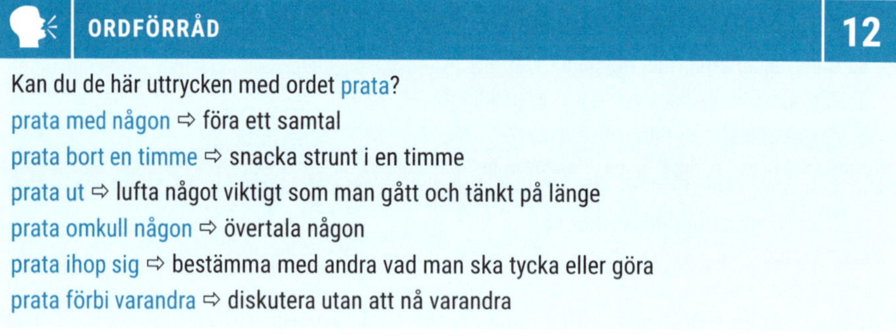

ORDFÖRRÅD **12**

Kan du de här uttrycken med ordet prata?

prata med någon ⇨ föra ett samtal
prata bort en timme ⇨ snacka strunt i en timme
prata ut ⇨ lufta något viktigt som man gått och tänkt på länge
prata omkull någon ⇨ övertala någon
prata ihop sig ⇨ bestämma med andra vad man ska tycka eller göra
prata förbi varandra ⇨ diskutera utan att nå varandra

När de äntligen kommer fram till badplatsen, sjunker Cajsa ner på bänk och pustar ut. "Är det alltid så här med dig?" Pontus ser frågande ut. "Ja, att alla känner dig, alla älskar dig och alla vill prata med dig hela tiden?" "Jag är ledsen, men här är det faktiskt så att nästan alla känner mig. Morfar är född härute. Han jobbade som vaktmästare på skolan förr så han känner varenda människa. Eller rättare sagt, varenda människa känner honom! De gamla, som tant Anna, kände ju mamma också." Pontus sätter sig brevid Cajsa på bänken.

Nu dök mamman upp i samtalet igen. I förfluten tid … Cajsa fundera på om hon ska våga fråga Pontus om hans mamma. "Jag var alltid här hos morfar på loven, så det är ju klart, att det är många som känner mig", säger Pontus och tittar ut över vattnet. "Och när du gick i skolan var din morfar inne hos er i stan", lägger Cajsa till. "Jag har förstått att du och din morfar är viktiga för varandra. Men när dog din mamma?" Pontus spärrar upp ögonen. "Dog?! Nej, hon är inte död! Hon flyttade till Finland med Mikko för ett par år sedan och det har morfar aldrig förlåtit henne för. Han hade velat att hon kom tillbaka hit ut till Vaxholm, men det var inget liv för morsan. Mikko, mammas man alltså, är anledning till att morfar alltid påstår att finska pinnar var mammas favoritkaka." Cajsa börjar gapskratta.

"Din morfar har verkligen humor", säger Cajsa när hon slutat skratta. "Jo", säger Pontus, "det har han. Men han är en riktig badkruka! Han badar inte ens på högsommaren. Hur det är med dig?" Pontus tittar på henne. "Gillar du att bada eller är du också en badkruka?" Cajsa ler snett och tänker att det är bäst att svara ärligt. "Nej, jag är ingen badkruka. Men jag gillar inte att vinterbada!" "Vilken tur att det är april nu då", säger Pontus glatt, "vår, alltså!" Cajsa tycker att det är ganska mysigt och varmt i solen, men bara så länge hon har alla kläder på sig. "Okej, då säger vi så här: Jag är badkruka fram till midsommar och sedan badar jag hela juli och halva augusti. Och sedan är jag badkruka igen." Pontus skakar på huvudet, men han ser fortfarande glad ut. "Men ta du ett dopp, om du vill", säger Cajsa. "Jag leker med Trixi så länge." "Trixi kommer att vara i vattnet innan jag har fått av mig jeansen. Hon älskar att bada, ser du! Titta här!" Pontus tar upp en pinne och kastar ut den i vattnet. Trixi skäller och springer efter, ut i vågorna. När hon kommer tillbaka med pinnen, ruskar hon på sig så att både Pontus och Cajsa får sig en dusch av det kalla vattnet. Efter att ha gjort om det där med pinnen och duschen ett par gånger säger Pontus: "Nej, det får räcka för idag. Vi skippar badet och går hem till morfar igen. Han har säkert fixat soppa till oss. Och packat väskan full med smutstvätt!" → 13

När Cajsa, Pontus och Trixi kommer tillbaka håller morfar på i köket. "Jag hoppas att ni är hungriga", säger han. "Jag har kokat fisksoppa. Inget märkvärdigt, samma som jag brukar göra varje söndag när Pontus kommer med tvätten. Jag hoppas att du också ska tycka om det, Cajsa." Cajsa är verkligen hungrig efter promenaden. "Jag som var så mätt efter alla kakorna. Jag trodde inte att jag skulle kunna äta något mer idag", säger hon. "Det är luften här ute som gör en hungrig!" säger Pontus och drar ut en stol vid bordet, så att Cajsa kan sätta sig. → 14

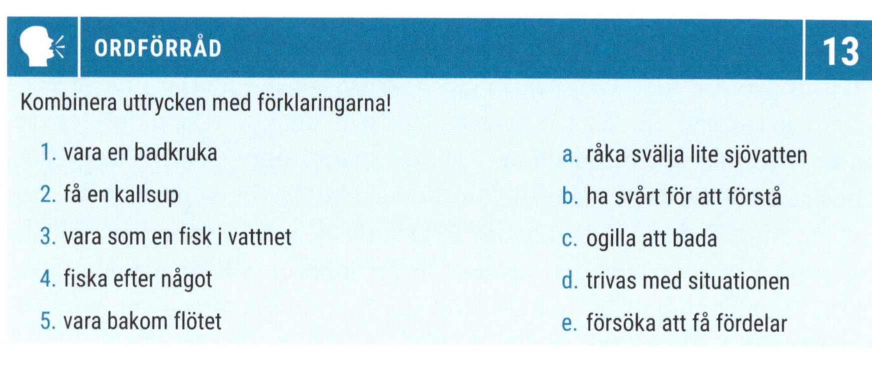

ORDFÖRRÅD **13**

Kombinera uttrycken med förklaringarna!

1. vara en badkruka
2. få en kallsup
3. vara som en fisk i vattnet
4. fiska efter något
5. vara bakom flötet

a. råka svälja lite sjövatten
b. ha svårt för att förstå
c. ogilla att bada
d. trivas med situationen
e. försöka att få fördelar

FAKTA **14**

Pontus morfar hade torsk, räkor och vitt vin i sin fisksoppa, men hans recept är tyvärr hemligt. Om du vill laga en svensk fisksoppa, kan du kolla här **www.arla.se** eller **www.expressen.se/alltommat**. Här kan du få inspiration. Det finns väldigt många goda och spännande fisksoppor!

Fisksoppan är god och stämningen vid bordet är fin. Morfar berättar om när Pontus var liten, Cajsa skrattar och Pontus låtsas bli generad. Trixi ligger stilla i sin korg bredvid spisen. Det är varmt i stugan och Cajsa slappnar av. Efter en stund säger Pontus: "Jag tänkte att vi tar bussen tillbaka till stan, Cajsa. Morfar, har du packat smutstvätten?" Morfar nickar och pekar mot resväskan som står vid dörren.

Pontus och Cajsa säger hej då till morfar och Trixi. Cajsa tackar för den goda maten och morfar säger att han hoppas att de snart ses igen. Pontus tar resväskan i ett stadigt grepp, hänger på sig ryggsäcken och börjar gå mot busshållplatsen. Morfar går inte med ut på trappan. Han sitter kvar vid köksbordet och vinkar åt dem, att de ska skynda sig, så att de inte missar bussen. → 15

De halvspringer till bussen och den svarta ryggsäcken guppar på Pontus rygg. Cajsa drar på den stora resväskan. Den är inte tung nu heller, även om den är full med smutstvätt. När de kommer fram till hållplatsen, hinner de inte sätta sig ner på bänken. Bussen kommer direkt och det är bara att gå på.

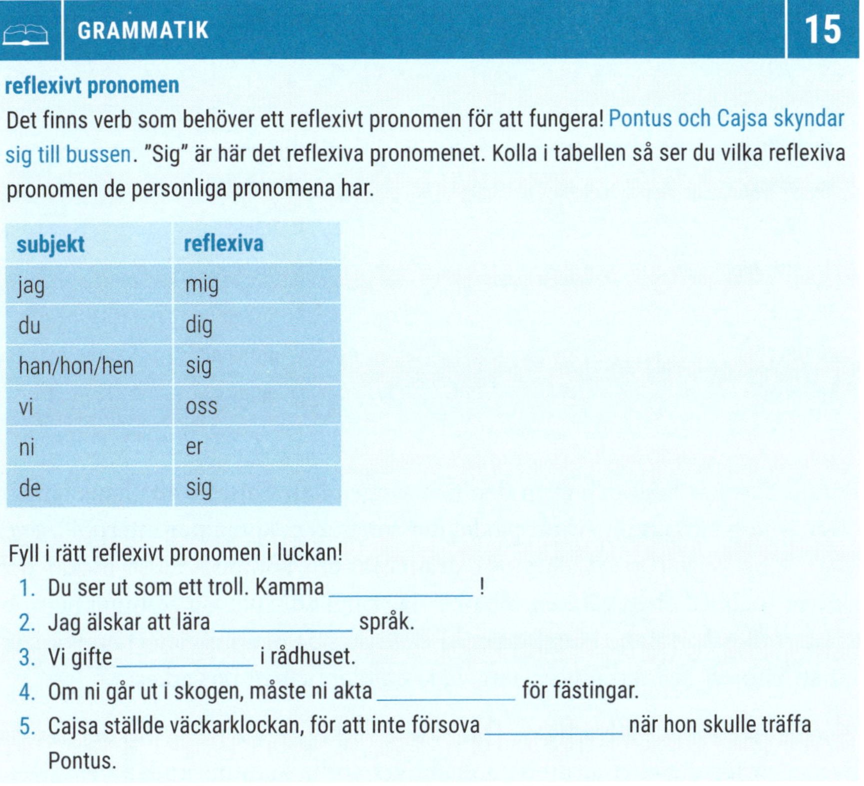

GRAMMATIK **15**

reflexivt pronomen

Det finns verb som behöver ett reflexivt pronomen för att fungera! Pontus och Cajsa skyndar sig till bussen. "Sig" är här det reflexiva pronomenet. Kolla i tabellen så ser du vilka reflexiva pronomen de personliga pronomena har.

subjekt	reflexiva
jag	mig
du	dig
han/hon/hen	sig
vi	oss
ni	er
de	sig

Fyll i rätt reflexivt pronomen i luckan!

1. Du ser ut som ett troll. Kamma ____________ !
2. Jag älskar att lära ____________ språk.
3. Vi gifte ____________ i rådhuset.
4. Om ni går ut i skogen, måste ni akta ____________ för fästingar.
5. Cajsa ställde väckarklockan, för att inte försova ____________ när hon skulle träffa Pontus.

Cajsa tar fram mobilen för första gången sedan hon klev på båten ut till Vaxön i morse. Hon har massor av meddelande från Linnea. Det första ”Ha så kul i skärgården idag!” och tre röda hjärtan. Vid lunch skriver Linnea: ”Bra dejt, förstår jag. Det är dödstyst från dig på alla kanaler!” och en blinksmiley. Under eftermiddagen undrar Linnea: ”Är allt okej? Vilken ö är ni på egentligen??” och det som hon skickade strax innan sju får Cajsa att le.”Vad har du hittat för kul på nätet?” undrar Pontus. ”Min kompis är lite orolig, eftersom jag inte hört av mig på hela dagen”, svarar Cajsa och håller fram mobilen till honom. ”Jag hoppas VERKLIGEN att du har ditt livs dejt och att du inte ligger styckmördad i en resväska och skvalpar någonstans i skärgården!! Hör av dig så fort du kan!!!” → 16

ORDFÖRRÅD 16

Adjektiv lär man sig bäst som motsatspar – kombinera motsatserna med varandra!

1. rolig	a. fel
2. mätt	b. ledsen
3. ung	c. hungrig
4. lugn	d. dålig
5. lycklig	e. gammal
6. bra	f. tråkig
7. allvarlig	g. olycklig
8. rätt	h. orolig
9. ljus	i. lättsinnig
10. glad	j. mörk

Pontus skrattar högt och även den här gången kan Cajsa se alla hans tänder. ”Det är nog bäst att du svarar på det där innan hon kontaktar interpol”, säger han. ”Hon verkar ju ha sinne för dramatik, din kompis.” Cajsa nickar och skriver snabbt: ”Lugn vännen, allt okej. Jag ringer dig när jag kommer hem. Vi är snart tillbaka i stan.” Hon hinner inte ens stoppa ner mobilen i handväskan, innan Linneas svar kommer. Fem glada emojer och ett fyrverkeri.

Plötsligt ser Pontus allvarlig ut. ”Jag skulle verkligen vilja veta om det här var livets dejt för dig eller är du bara glad över att ha kommit undan med livet i behåll?” Cajsa ler och tar ett djupt andetag och känner sig modig: ”Livets dejt, vet jag inte, men det kanske vår nästa kan bli?”

GLOSLISTA

en fästing, -ar	Zecke
ett fästingbett, –	Zeckenstich
en hjärnhinneinflammation, -er	Hirnhautentzündung
för säkerhets skull	sicherheitshalber
släpp/a, -er, -te, -t	loslassen
att göra något tafatt	etwas unbeholfen machen
blyg	schüchtern
ett kärleksliv, –	Liebesleben
en kardemummabull/e, -ar	Hefeteilchen mit Kardamomfüllung
ett bakverk, –	Gebäck
yvig	ausholend (bei Bewegung)
(en) sekretess	Schweigepflicht
frusta, -r, -de, -t	schnauben
ragga, -r, -de, -t	aufreißen, anmachen
en ostmack/a, -or	Käsestulle, belegtes Brot mit Käse
Kom igen!	Reiß dich zusammen!
åtminstone	zumindest
ångra, -r, -de, -t	bereuen
lys/a, -er, -te, -t	leuchten
sug/a, -er, sög, sugit	saugen
hinn/a, -er, hann, hunnit	zeitlich schaffen
en klunk, -ar	Schluck
fixa, -r, -de, -t	in Ordnung bringen
gäspande	gähnend
rejäl	ordentlich
försov/a, -er, –, -it sig	verschlafen
tjata, -r, -de, -t	meckern, nörgeln
en baddräkt, -er	Badeanzug
låtsa/s, -s, -des, -ts	so tun, als ob
funka, -r, -de, -t	funktionieren
glöm/ma, -mer, -de, -t	vergessen
blunda, -r, -de, -t	Augen zumachen
skamfilad	abgewetzt
avslappnad	entspannt
spring/a, -er, sprang, sprungit	laufen
rinn/a, -er, rann, runnit av	ablaufen
um/gås, -gås, -gicks, -gåtts med	verkehren
flytta, -r, -de, -t	umziehen
en landgång, -ar	Laufplanke
kass	schlecht
(ett) käk	Essen
omtänksam	rücksichtsvoll
grym	*hier:* Verstärkungswort wie „super“
en klipphäll, -ar	Felsen
sno, -r, -dde, -tt	drehen
sanningsenlig	wahrheitsgemäß
bulla, -r, -de, -t upp	anbieten
ta, -r, -tog, -git täten	die Führung übernehmen
ett staket, –	Zaun
skjut/a, -er, sköt, skjutit	schießen
gnissla, -r, -de, -t	knirschen
nosa, -r, -de, -t	schnüffeln
en gräddsnip/a, -or	Sahnekännchen
ett vetebröd, –	süße Hefeteilchen
snål	geizig
högfärdig	hochnäsig
rodna, -r, -de, -t	erröten
en rackare, –	Gauner/-in
fikasugen	Lust auf Kaffeetrinken
smygande	schleichend
ett lov, –	Ferien

GLOSLISTA

en sedvan/a, -or	Gewohnheit
hojta, -r, -de, -t	rufen
häng/a, -er, -de, -t med	mitkommen
en dunk, -ar	Schlag
flina, -r, -de, -t	grinsen
artig	höflich
fånig	lächerlich
kolla, -r, -de, -t	schauen
sjunk/a, -er, sjönk, sjunkit	sinken
en vaktmästare, –	Hausmeister/-in
ett samtal, –	Gespräch
dö, -r, dog, -tt	sterben
för/låta, -låter , -lät, -låtit	vergeben
på/stå, -står, -stod, -stått	behaupten
ett dopp, –	ein kurzes Bad nehmen
en pinn/e, -ar	Stöckchen
skäll/a, -er, -de, -t	bellen
ruska, -r, -de, -t	schütteln
mätt	satt
slappna, -r, -de, -t av	entspannen
dödstyst	totenstill
orolig	unruhig
styckmördad	ermordet, in Stücke geschnitten
skvalpa, -r, -de, -t	schwappen
ett fyrverkeri, -er	Feuerwerk
allvarlig	ernst
ett andetag, –	Atemzug

Diskussionsfrågor

1. Vad gör Cajsa på vårdcentralen?
2. Varför är Pontus där?
3. Hur tror du att Cajsa känner sig, när Pontus ber om hennes telefonnummer?
4. Cajsa fikar med Linnea och Bella på Vetekatten. Vad tycker du om att fika? Vem fikar du helst med?
5. Varför tror du att Cajsa följer med Pontus ut till Vaxön? Tycker du att det är en bra idé?
6. Finska pinnar, hallongrottor och drömmar – försök att hitta fler roliga namn på svenska småkakor!
7. Tycker du att Linnea är en bra vän? Varför/varför inte?
8. Är du ”Team Cajsa” eller ”Team Pontus”, när det gäller att bada? När tycker du att det passar bra att bada utomhus?
9. Titta på www.naturvårdsverket.se och läs på om allemansrätten. Sammanfatta det som du tycker är viktigast att komma ihåg när man är ute i naturen!
10. Hur tror du att det kommer att gå för Cajsa och Pontus?

MOSTER SIGNES HEMLIGHET

PERSONER

Anton, 22, student
Lena, 59, Antons mamma
Annika, 25, kursare till Anton
Fille, 86, vän till moster Signe

När Anton hjälpte till att röja ur gammelmoster Signes lägenhet, dök det upp ett spännande föremål. Anton trodde inte sina öron, när han han fick veta sanningen om mammas moster Signe!

”Anton, det är din tur hjälpa mig med moster Signes lägenhet till helgen. Nu när vi ska sälja den, så måste vi ju se till att den är tom! Ring mig så fort du kan.” Anton skyndade ut från föreläsningssalen på universitetet samtidigt som han lyssnade på sin mammas röstmeddelande. Det var så himla mycket att göra så här i slutet av terminen att han helt glömt bort att han lovat mamma att hjälpa till med moster Signes lägenhet. → 1

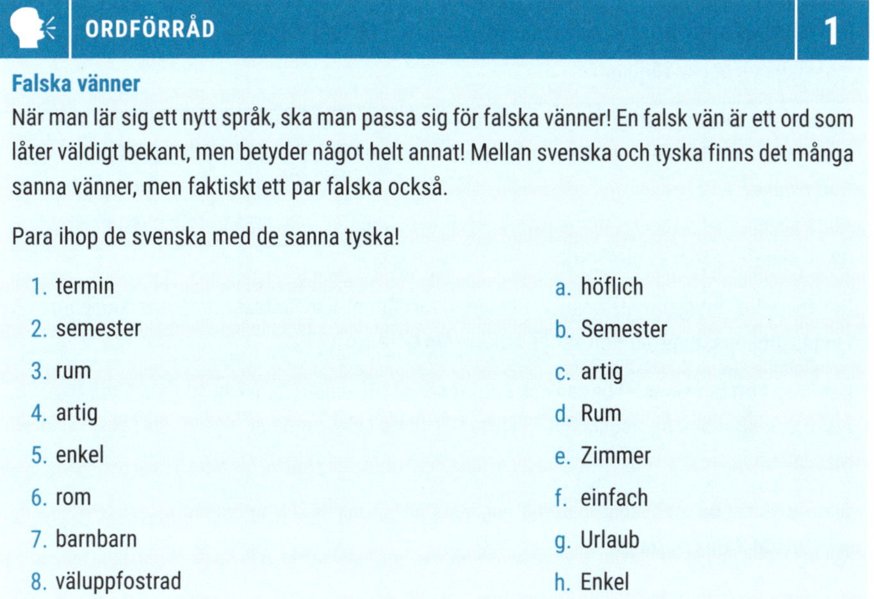

ORDFÖRRÅD **1**

Falska vänner

När man lär sig ett nytt språk, ska man passa sig för falska vänner! En falsk vän är ett ord som låter väldigt bekant, men betyder något helt annat! Mellan svenska och tyska finns det många sanna vänner, men faktiskt ett par falska också.

Para ihop de svenska med de sanna tyska!

1. termin	a. höflich
2. semester	b. Semester
3. rum	c. artig
4. artig	d. Rum
5. enkel	e. Zimmer
6. rom	f. einfach
7. barnbarn	g. Urlaub
8. väluppfostrad	h. Enkel

Egentligen var det inte hans moster, utan mammas moster, men eftersom Signe inte haft några egna barn, hade Antons mamma Lena ofta hjälpt henne med lite av varje. "Det är inte lätt att bli gammal", brukade hon säga. "Moster Signe var snäll och hjälpte mig när jag kom ny till Stockholm på 80-talet, nu är det hon som behöver min hjälp." Anton brukade säga att han hade en mormor i Dalarna och en mormor i Stockholm.

Lena var född och uppvuxen på en bondgård i närheten av Falun och där bodde hennes föräldrar kvar. Anton och hans syskon hade alltid tillbringat sina sommarlov där. Andra lov, när de var kvar i stan och deras föräldrar måste jobba, hade de varit hos moster Signe. Hon tog med dem på museum, på bibliotek och till botaniska trädgårdar. Hon lärde dem att skilja på konstnärerna Carl Larsson och Anders Zorn. Hon läste "Nils Holgerssons underbara resa genom Sverige" för dem och såg till att de alla hade egna lånekort, så att de skulle kunna läsa allt de ville. Anton och hans syskon kunde skilja en lupin från en rallarros och visste att det var svårt att odla stockrosor i Stockhomstrakten. Det var sådant de lärt sig av moster Signe. → 2

GEOGRAFI 2

Falun

Falun har nästan 40 000 invånare och ligger i landskapet Dalarna, ungefär i mitten av Sverige. Falun är residensstad, det vill säga Dalarnas huvudstad. Staden grundades 1641 och växte upp runt koppargruvan. Där bröts det koppar ända fram till 1992. Idag är gruvan ett välbesökt museum och del av världsarvet.

Har du hört talas om produkterna falukorv och Falu rödfärg? Båda hänger faktiskt ihop med gruvan! Gruvdriften behövde linor och de gjordes av oxhud. Korven i sin tur gjordes av köttet från oxarna.
Ända sedan 1500-talet har man använt det röda pigmentet från kopparbrytningen till att blanda en slamfärg som är utmärkt att måla trähus med.

Det finns fler museum att besöka i Falun, till exempel Länsmuseet Dalarnas Museum och Linnés bröllopsstuga där den kände botanikern gifte sig 1739.

Det finns gott om sjöar att bada i och naturreservat att vandra i. Du kan studera både franska, tyska och spanska på högskolan i Falun. Det finns också många ingenjörsprogram och en massa annat.

Blev du sugen på att besöka Dalarna och Falun nu? Kolla här för aktuella tips:
www.visitdalarna.se/falun

Varför hon hade lämnat Dalarna på 50-talet och sökt sig till Stockholm, hade Anton faktiskt ingen aning om. Han hade aldrig frågat. Moster Signe var moster Signe. I hans ögon hade hon alltid varit gammal och alltid bott i den lilla lägenheten på Maria Bangata, alldeles i närheten av Tantolunden, som de så väl kände till. Hemma hos moster Signe luktade det alltid kaffe och något annat som skulle kunna vara malmedel eller lavendel. → 3

GEOGRAFI 3

Tantolunden

Maria Bangata ligger på västra Södermalm. Alldeles i närheten finns den stora parken Tantolunden med både lekplats och utrymme för picknick. På sommaren är det många som badar i den intilliggande Årstaviken, på vintern kan man åka pulka i parken.
Här får du veta mera om parken: **www.visitstockholm.se/o/tantolunden**

Moster Signe hade dött efter en kort tid på sjukhus och Lena hade ärvt lägenheten. Hon hade bestämt att den skulle säljas och hon tänkte dela upp pengarna mellan sina fyra barn, så att de alla skulle ha en grundplåt när de skulle skaffa sig eget boende. ”Det är dyrt att bo i Stockholm!” sa Lena, ”Och det hade glatt moster Signe, att hon kan hjälpa er att få någonstans att bo.” Men inget är gratis i livet, så Antons syskon hade alla varit med Lena i lägenheten och röjt och städat, och nu var det alltså Antons tur. → 4

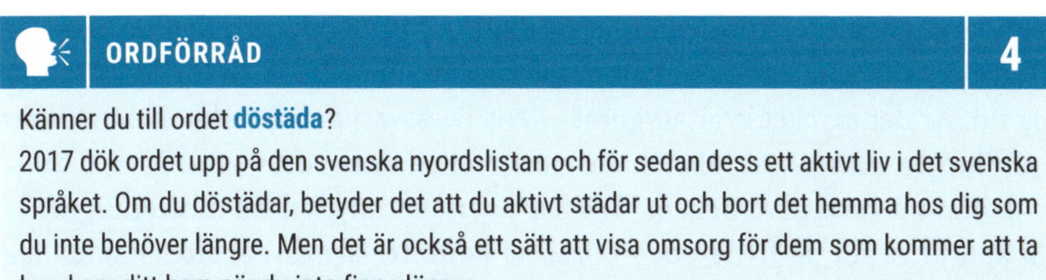

ORDFÖRRÅD **4**

Känner du till ordet **döstäda**?
2017 dök ordet upp på den svenska nyordslistan och för sedan dess ett aktivt liv i det svenska språket. Om du döstädar, betyder det att du aktivt städar ut och bort det hemma hos dig som du inte behöver längre. Men det är också ett sätt att visa omsorg för dem som kommer att ta hand om ditt hem när du inte finns längre.

Margareta Magnusson skrev samma år boken som alla borde läsa Döstädning – ingen sorglig historia. Margareta uppmuntrar människor i alla åldrar att skapa ordning i livet och att sortera ut skräpet för att hitta dyrgriparna.
Döstädning: **www.albertbonniersforlag.se**

Anton hade i hemlighet hoppats på att han skulle kunna flytta från sitt ganska tråkiga studentrum till moster Signes betydligt mer attraktiva lägenhet. Hans båda äldre syskon hade ju redan flyttat hemifrån och bodde rätt bra, tyckte Anton. Johan bodde med sin flickvän i Uppsala i en lägenhet som hennes pappa hade köpt åt dem och Oskar hade flyttat till ett kollektiv någonstans i Västergötland. Och lillasyster Alma, bodde fortfarande hemma och verkade trivas alldeles utmärkt med det. ”Men det hade ju förstås inte varit rättvist” tänkte Anton, som visste att hans mamma var mycket noga med just det. Att det ska vara rättvist mellan syskonen! → 5

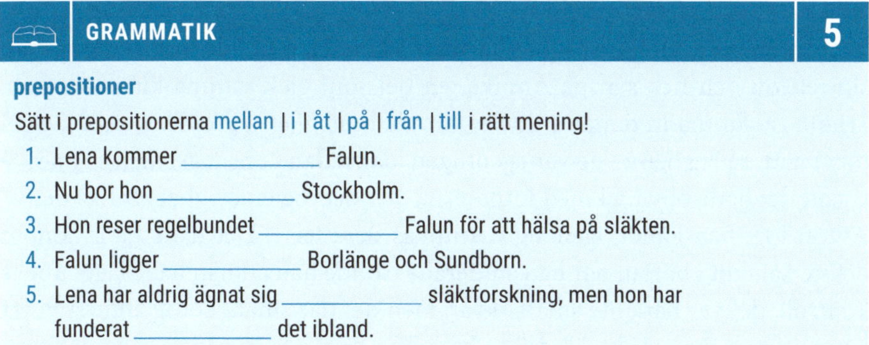

GRAMMATIK **5**

prepositioner

Sätt i prepositionerna mellan | i | åt | på | från | till i rätt mening!

1. Lena kommer ____________ Falun.
2. Nu bor hon ____________ Stockholm.
3. Hon reser regelbundet ____________ Falun för att hälsa på släkten.
4. Falun ligger ____________ Borlänge och Sundborn.
5. Lena har aldrig ägnat sig ____________ släktforskning, men hon har funderat ____________ det ibland.

På kvällen när är Anton kommit hem till Studentbacken kom han ihåg att han skulle ringa sin mamma. Hans studentlägenhet låg visserligen i innerstan men han hade bara ett rum och så delade han kök med ett par andra studenter. ”Äntligen!” ropade Lena i telefonen. Hon lät som om Anton hade varit försvunnen i veckor och inte som om de hade setts förra helgen. ”Hur går det med tentan? Hinner du hjälpa till med lägenheten i helgen?” Anton nickade, men kom på att det kunde hon ju inte se. ”Jo, jag lämnar in den på torsdag. Efter det ska jag ta en öl med ett par kompisar, men från och med fredag har jag tid. Är det mycket kvar att göra?” Lena beskrev i detalj vad hon och Oskar gjort helgen innan, vad Johan hade gjort veckan innan dess och allt som Alma hade hunnit med däremellan. ”Du har ju en extranyckel till moster Signe, så du kan ju gå dit på fredag och börja, så kommer jag direkt efter jobbet. Jag brukar alltid sluta tidigare på fredagar och om jag skippar lunchen så jag kan nog komma ifrån redan vid ett-tiden. Det är bara köket kvar, det borde vi klara på ett par timmar!”

Anton kände sig som om han blivit överkörd av en ångvält, när han avslutat samtalet med sin mamma. Hon var alltid så energisk och optimistisk! Men å andra sidan fick hon alltid mycket gjort. Hon kanske hade rätt. Om de tog i, skulle de snabbt bli klara. Anton försökte känna sig lika optimistisk som sin mamma, sedan satte han sig vid skrivbordet igen för att skriva det sista på den där hemtentan. → 6

Efter inlämnad tenta och ett par öl med kompisarna på kvällen, vaknade Anton av att mobilen spelade en munter trudelutt strax efter tio på fredagen. Han visste direkt att han inte hade en ledig långhelg framför sig, så han gick upp meddetsamma och hoppade in i duschen. Han tog på sig ett par smutsiga jeans och en t-shirt, stoppade nyckeln till moster Signes lägenhet i fickan och gav sig iväg. Håret var fortfarande blött efter duschen, när han sprang in på Espressohouse på vägen för att köpa en kopp flatwhite. → 7

”Anton!” ropade en ljus röst när han stod i kön. Han tittade förvirrat upp från sin telefon och fick syn på Annika, en tjej som gick samma kurs som han. ”Hann du lämna in tentan i tid?” undrade hon. ”Jag skickade in min kvart i tolv i natt, så jag hann. Jag var egentligen klar redan i onsdags, men så märkte jag att det hade blivit fel med fotnoterna och det tog en evighet att fixa dem!” Anton log, han kände igen sig i Annikas berättelse. Det hade hänt honom också. Särskilt i början när han studerade trodde han att han hade läget under kontroll, det var bara lite småfix kvar, men det där småfixet tog alltid mycket längre tid än man tänkt. ”Jodå”, sa han, ”jag skickade in någon gång på efter-

GRAMMATIK 6

adjektiv komperation

Egentligen är det enkelt att komparera adjektiv på svenska, eftersom man på de flesta adjektiv bara lägger till -are i komparativ och -ast i superlativformen. Kolla rad 1 i tabellen. Der finns ett par som bara får -re och -st också. Ett exempel finns på rad 2. Ett par adjektiv är oregelbundna på riktigt, kolla rad 3. En del ord kan man inte komparera på annat sätt än med mer och mest. Två exempel hittar du på raderna 4 och 5.

	positiv	komparativ	superlativ
1	snabb	snabbare	snabbast
2	hög	högre	högst
3	mycket	mer	mest
4	energisk	mer energisk	mest energisk
5	optimistisk	mer optimistisk	mest optimistisk

Välj mellan komparativ och superlativ!

1. Haren är ____________ än hunden, men allra ____________ är geparden.
2. Är Klara kyrka ____________ i Stockholm? Nej, den är bara 116 meter. Kaknästornet är 155 meter.
3. Dricker Anton ____________ kaffe än Lena?
4. Lena är definitivt ____________ än Anton!
5. Hon är den som är ____________ i hela familjen.

FAKTA 7

Espressohouse

Det är många studenter som har jobbat extra på Espressohouse sedan det grundades 1996 i Lund! Idag finns det 480 caféer i Sverige, Norge, Finland, Danmark och Tyskland.

På Espressohouse kan du förstås dricka kaffe, men också äta kanelbullar eller andra säsongsbetonade bakverk, till exempel semlor eller lussekatter. Om du är hungrig finns det även matiga mackor eller sallader.

Kan du de vanliga verben dricka och äta i alla former? Sätt in rätt verb i rätt form i meningarna!

1. Anton ____________ kaffe varje morgon.
2. När han var barn ____________ han hellre varm choklad.
3. Idag händer det faktiskt att han inte ____________ någonting alls, inte ens en knäckemacka, innan han rusar iväg.
4. När han bodde hemma, ____________ han alltid filmjölk med müsli eller havregrynsgröt till frukost.

middagen. Sedan tog jag en hamburgare och ett par öl med Johannes och Sebbe på Phil´s.” ”Det blev ingen öl för mig den här gången”, skrattade Annika. ”Jag tog en dusch och gick och lade mig istället. Jag visste ju att jag skulle ha tidigt skift här. Men kul att se dig! Varför är du uppe så tidigt?”

Anton märkte att folk började bli otåliga i kön, de tyckte att Annika skulle fixa kaffe i stället för att snicksnacka med honom. ”Du tjejen, skulle du kunna tänka dig att ta flörtandet när det inte är kö?!” hojtade en man i med portfölj. Han såg ut som om han hade bråttom till ett möte, tyckte Anton. Annika såg generad ut men nickade och fortsatte med sitt jobb. När Anton skulle betala, viftade Annika bara med handen och vände sig till nästa kund. Med pappmuggen i handen på väg ut kom han på att ha inte svarat Annika, på varför han var uppe så tidigt. Han stannade till ute på gatan och scrollade i sin adressbok för att se om han hade Annikas nummer. Det hade han inte. Han gick in på Facebook och det var lätt att leta upp henne där. Han skickade iväg ett kort meddelande på messenger. ”Tack för kaffet! Jag ska hjälpa morsan att städa ur min gammelmosters lägenhet på Maria Bangata. Bara köket kvar, önska mig lycka till!” Han suddade ut ”Hoppas att tanten hann tömma soporna och panta sina tomflaskor innan hon dog” eftersom han tyckte att det lät som om han inte hade gillat moster Signe. → 8

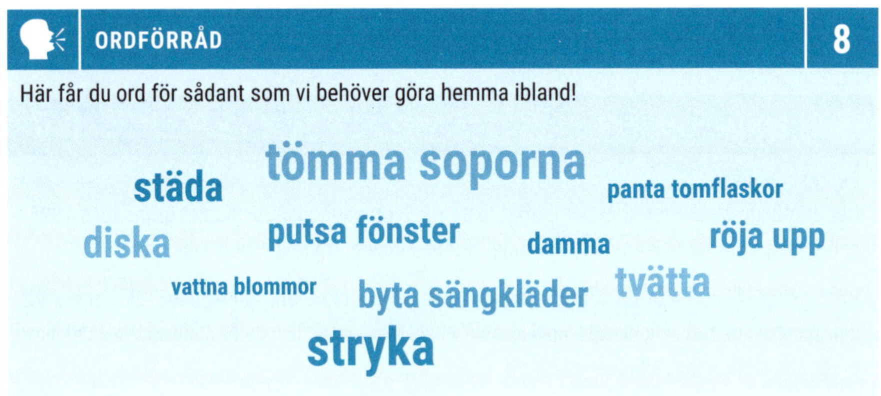

När Anton hastade förbi Maria Magdalena-kyrkan slog kyrkklockan elva. Nu var det bara tio minuter kvar att gå. På en skylt på hissen i Signes hus, kunde han läsa ”Ur funktion”. Vilken tur att hon inte bodde längst upp, tänkte Anton, när han tog trappan till moster Signes lägenhet på andra våning. Det stod forfarande ”S. Jansson” på dörren. Anton hade inte varit här sedan hon halkade och bröt lårbenshalsen i april. Han hade faktiskt hälsat på henne på sjukhuset, men det var precis efter att hon blivit opererad. Då hade hon varit på gott humör och skojat med honom, precis som vanligt. Anton hade liksom inte kunnat tänka sig att hon inte skulle bli frisk igen och snart vara tillbaka i sin lilla tvåa. När mamma ringde med sina regelbundna rapporter om mosters hälsotillstånd, hade han tänkt att hon överdrev. Och när samtalet om att hon inte hade långt kvar kom, hade han blivit chockad och inte ringt tillbaka. Det skämdes han för nu. Nu när han stod i moster Signes hall och det inte kom någon moster Signe emot honom. → 9

GRAMMATIK 9

reflexiva possessiva pronomen

Reflexiva possessiva pronomen syftar tillbaka på subjektet i samma sats. Det spelar bara roll i tredje person singular och plural. I första och andra person är den reflexiva formen likadan som den possessiva formen. Kolla här!

singular		**en**	**ett**	**plural**
1 person	**jag**	min	mitt	mina
2 person	**du**	din	ditt	dina
3 person	**han/hon/hen**	sin	sitt	sina
plural				
1 person	**vi**	vår	vårt	våra
2 person	**ni**	er	ert	era
3 person	**de**	sin	sitt	sina

Kom ihåg att en mening aldrig kan börja med ett reflexivt possessivt pronomen, eftersom det då inte finns något subjekt som det kan syfta tillbaka på!

Exempel:

Anton väntar på sin mamma.
Hans mamma kommer direkt efter jobbet.

Lägenheten luktade konstigt nog fortfarande kaffe, tyckte han. Han ställde skorna ordentligt i tamburen, även om det inte fanns någon skohylla kvar längre. Den hade Oskar tagit hand om förra helgen, eftersom han hade haft tamburen och badrummet på sin lista. Johan hade tömt vardagsrummet och Almas ansvarsområde hade varit sovrummet. Anton gick först in i vardagsrummet och sovrummet. Jo, det hade syskonen gjort ordentligt. Rummen var tomma och nystädade. Fönstren var putsade och det fanns inga gardiner kvar heller. Det kändes konstigt att stå mitt i moster Signes vardagsrum och inte kunna sätta sig i den gamla röda fåtöljen med en av böckerna från bokhyllan.

Anton gick ut i köket. Det såg ut precis som vanligt, förutom att moster Signe fattades, förstås. Mamma hade i sin iver om att vara rättvis, delat upp lägenheten i zoner och utnämt ett barn som ansvarig för varje zon. Hon hade skickat komplicerade exell-listor där de skulle skriva in möbler och föremål från respektive rum. I en spalt kunde de kryssa för om det var något som de ville behålla, som minne. Anton hade inte ens öppnat listan när den kom per mejl. Dels hade han så mycket att göra på universitetet just då. Dels för att han inte ville befatta sig med moderns märkliga listor, men framförallt ville han inte tänka på att moster Signe inte fanns längre. Nu stod han i köket, kände doften av kaffe och undrade om han hade behövt ha med sig sin dator för att kunna skriva in det han hittade i mammas lista.

Han bestämde sig för att börja med att koka en kopp kaffe i moster Signes gamla Don Pedro och dricka det ur hennes små skira porslinskoppar med rosor på. Efter det skulle han börja med att gå igenom kylskåp, skafferi och städskåp. Och kolla om sophinken var tom. → 10

 **FAKTA** **10**

Don Pedro

En Don Pedro är en klassisk kaffebryggare som man ställer direkt på spisen. Den består av två glasbehållare som förbinds med ett rör. I den nedre häller man i vatten och i den övre lägger man kaffepulver. När vattnet kokar upp, bildas ett övertryck i den nedre behållaren, själva kannan, och vattnet trycks upp i den övre och där blandas vattnet med kaffet. Då är det dags att ta Don Pedro från plattan! När kannan kyls av bildas ett undertryck och kaffet sugs tillbaka ner i kannan – och det utan kaffesump! Den här sortens kaffebryggare lanserades 1959 i Sverige och blev snabbt omtyckt!

Moster Signes kaffeburk av plåt stod på köksbänken, till vänster om Don Pedron. Den gröna, lite skavda burken var halvfull. Det räckte gott att brygga en kanna med. Anton undrade om hans syskon också druckit kaffe. Han funderade på om det var kaffe som moster Signe köpt eller om någon av dem hade fyllt på kaffeburken. Medan kaffet kokade upp, öppnade han skafferiet och kollade om det fanns några småkakor i kakburken. Det gjorde det inte. Han gick till frysskåpet och drog ut den översta lådan och titta, där fanns en liten påse bullar! Han tog ut en och tinade den försiktigt i mikron. → 11

FAKTA **11**

Kanelbullar

Kanelbullar har det funnits sedan 1850-talet, men det var inte förrän på 1920-talet som de började se ut så som som vi känner till dem idag. Och det var först på 1950-talet som de blev riktigt populära! Det som är speciellt med de svenska bullarna är att de inte är lika söta som sina amerikanska kusiner "cinnamonbuns" och så har man ofta lite stött kardemumma i degen.

1999 bestämde Hembakningsrådet att kanelbullen förtjänar en alldeles egen dag. De valde den 4 oktober för att det inte konkurrerar med någon annan matdag. Man skulle kunna säga att det å ena sidan blev en succé, för denna dag äts det mer än sju miljoner kanelbullar i Sverige. Men det är tyvärr bara 24 % som bakar sina egna bullar, så där misslyckades Hembakningsrådet en aning.

Det är inte särskilt svårt att baka kanelbullar, om man bara håller sig till två viktiga regler: slösa med smöret, men spara på mjölet! Här får du ett riktigt bra grundrecept: **www.kungsornen.se/recept/kanelbullar-grundrecept**

Han satte sig på kökssoffan vid fönstret och drog upp benen under sig. Han hade kaffekoppen och bullen på en assiett på köksbordet framför sig. Bullen var definitivt bakad av moster Signe – han kände igen hennes vridna bullar utan pappersformar. De såg ut som om de var virkade, hade han tänkt när han var barn. Det var stötta kardemummakärnor i degen och rikligt med pärlsocker på. "Helt perfekta", mumlade han och tog fram mobilen för att ta en bild. Han ville för alltid komma ihåg hur moster Signes bullar hade sett ut. Han rättade till kudden bakom ryggen, blåste på det skållheta kaffet och lät blicken svepa ut över innergården. Det fanns inget särskilt att se där, förutom några kajor som högljutt bråkade om en matbit.

När han tog påtår hade kaffet svalnat och han kunde dricka lite snabbare. Han vände blicken till köket istället för att fortsätta att titta på kajorna. Förutom kökssoffan han satt på och köksbordet där hans kaffekopp stod, fanns det två blåmålade pinnstolar och en liten pall. Det fanns dessutom en kyl- och fryskombination, ett skafferi, ett städskåp, fyra överskåp, ett grytskåp, ett dubbelskåp under diskbänken och fem lådor. "Jag börjar med kylskåpet, frysen och tar sedan skafferiet", tänkte han, "och arbetar mig via städskåpet till de andra skåpen med porslin. Då har säkert mamma hunnit komma och hon vet väl mer om vad som är värt att spara."

Han såg sig om i köket efter moster Signes radio. Jodå, den stod i fönstret bland blomkrukorna. Blommorna såg inte lika fina ut som när moster Signe tog hand om dem, men både de två Sankt Paulorna med lila blommor och Doktor Westerlunds hälsoblomma levde i alla fall. Flitiga Lisan och det röda palettbladet däremot såg inte mycket ut för världen. Han slängde de vissna krukväxterna, men sparade blomkrukorna och satte på radion. Moster Signe lyssnade alltid på P4, så det var det han tänkte lyssna på medan han röjde. → 12

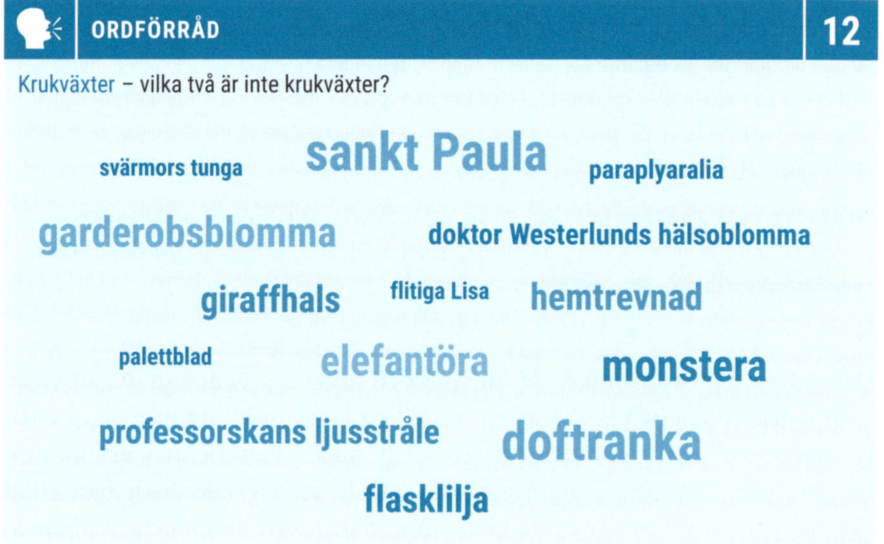

Anton blev snabbt klar med kylskåpet. Det fanns bara en öppnad burk inlagda rödbetor och en burk löksill på hyllorna. I dörren hittade han en en halv tub senap. Han antog att Lena hade varit där och tömt kylskåpet, så att inget skulle stå där och bli dåligt. Det hade Lena och moster gemensamt: de hatade att slösa bort matvaror! Han smålog åt att det var rödbetor, sill och senap som var kvar i kylskåpet. Det var sådant som Lena absolut inte gillade. I frysen fanns det förutom bullpåsen ingenting kvar. Han lade bullpåsen på diskbänken, stängde av strömmen och torkade noggrant ur både kylskåpet och frysen.

När han var klar med skafferiet och städskåpet, bestämde han sig för att ta kafferast. Medan kaffet i Don Pedron kokade upp, drog han ut den översta lådan och ställde den på köksbordet. Den var full av små saker, som liksom inte hade passat in någon annanstans i Signes välordnade liv. Han hittade en kylskåpsmagnet på konserthuset Elbphilharmonie i Hamburg som han antog att Lena hade haft med sig från någon affärsresa. Det fanns sju pennor, ett suddgummi, några gem i olika storlekar, ett litet hänglås, gummiband, påsklämmor, en näsduk och ett anteckningsblock. → 13

GRAMMATIK 13

plural

Skriv entalet respektive pluralformen i tabellen!

singular	plural
	saker
ett liv	
en kylskåpsmagnet	
ett konserthus	
	resor
	pennor
ett suddgummi	
	gem
	storlekar
	hänglås
	gummiband
	påsklämmor
en näsduk	
ett anteckningsblock	

Anton tog upp anteckningsblocket för att försöka se vad moster Signe hade skrivit. Sidan var blank, men han kunde ändå se fördjupningarna av vad hon hade skrivit på den föregående sidan. Han höll upp blocket snett i mot ljuset för att kunna läsa vad det stod. Hans hjärta bankade och han kände sig som när han var liten och brukade leka agent med Oskar. De hade ägnat mycket tid åt att hitta på sätt att skicka hemliga meddelanden till varandra. Meddelandet från moster Signe var, så vitt Anton kunde läsa, hennes sista inköpslista. ”Mjölk, kaffegrädde, kassler, medvurst, jäst, senap” läste han besviket. Han visste inte vad han hade förväntat sig, men det där var ju inte särskilt spännande.

Anton sörplade på sitt kokheta kaffe och fortsatte att gräva i lådan. Han hittade en biobiljett från Filmstaden som var så gammal att den säkert kunde säljas som antikvitet. Han undrade varför moster sparat på den, om hon hade gillat filmen väldigt mycket eller om det hade varit sällskapet som varit spännande. Han kände sig sorgsen. Det skulle han aldrig få veta. Just när det ringde på dörren, fick han syn på en ganska stor, gammaldags nyckel med en nyckelring på. Det stod ”Operan” med moster Signes snirkliga handstil på den. Han stoppade ner nyckeln i jeansfickan och gick ut i tamburen för att hälsa på sin mamma. → 14

FAKTA **14**

Kungliga Operan

Kungliga Operan på Norrmalm i centrala Stockholm har anor från 1773, men den nuvarande byggnaden kallas det oscarianska operahuset och stod klart 1898. Det här är Sveriges nationalscen för opera, balett och modern dans. Ungefär 60 % av föreställningarna är opera och resten är dans. Den Kungliga Operan kallas oftast bara för operan. Den är ett aktiebolag och ägs av den svenska staten.
Kolla här, så får du veta vad de spelar just den här säsongen: **www.operan.se**

Det var Lena, som gärna tog emot en kopp nybryggt kaffe och en kanelbulle. Hon såg sig om i köket och berömde det jobb Anton hade gjort. ”Det är verkligen inte mycket kvar att göra!”, sa hon glatt. ”Jag tror att vi blir färdiga på ett litet kick. Är det något som du vill ha här, Anton? Alma sparade förresten ett par böcker från vardagsrummet, som hon trodde att du ville ha.” Anton såg sig omkring och kunde inte se något som han skulle kunna få plats med i sin studentbostad. Han gillade verkligen kökssoffan, men den skulle absolut inte få plats. ”Radion!” kom han på. ”Jag skulle verkligen gärna vilja ha radion.” Lena skrattade, vecklade upp ett par vikta A4-sidor av sin exell-lista och skrev för hand in i listan för ”kök” att Anton ville ha radion.

Efter ett par intensiva timmar hade de sorterat allt som fanns i köket och katalogiserat det enligt Lenas lista. När Anton kom hem på kvällen orkade han bara duscha, sedan kröp han ner i sängen och somnade direkt.

På lördagen körde de det som skulle slängas till återvinningscentralen och placerade allt som skulle säljas eller gå till någon av syskonen i garaget i Antons föräldrahem. "Så där ja!" sa Lena nöjt. "Pappa är inte jätteglad övet allt som står i garaget, men det är ju ändå övergående. Ni har tid att komma och titta till den 31 augusti. Då har Johan och Oskar hela sommaren på sig, tänkte jag. Här," sa hon och pekade på en bunt gula postit-lappar, "skriver du ditt namn och sätter på det som du vill ha. Det som ingen av er vill ha, det säljer jag på Blocket från och med första september." Anton nickade och var som alltid imponerad av sin mors effektivitet.

"Nu blir det pizza! Börje, är pizzan klar än?" ropade hon inåt huset. "Du stannar väl och äter? Pappa gör pizza och Alma är också hemma ikväll. Vi kanske kan ha en spelkväll, som vi alltid hade när ni bodde hemma? Det skulle vara riktigt roligt att spela en omgång monopol, tycker jag. Eller nya bondespelet, kanske? Det tyckte du ju alltid mest om, eller hur?" Anton hade absolut ingen lust att spela något dammigt gammalt brädspel med sina föräldrar, men pappas pizza ville han gärna ha. → 15

Naturligtvis fick Lena sin vilja igenom! Efter pizzan hade de spelat en omgång monopol och det hade lika naturligtvis tagit evigheter, men Anton fick erkänna att det ändå varit en trevlig kväll. De hade skrattat mycket men när både Alma och Anton gick i konkurs så hade de slutat att spela.

Det var en lämplig tidpunkt för Anton att gå hem. Han ville absolut inte sova över, för det skulle innebära söndagsfrukost med föräldrarna och det kunde lätt hålla på till långt in på eftermiddagen.

När han kom hem, klädde han av sig och slängde iväg jeansen mot skrivbordet. De fastnade på skrivbordsstolen och då ramlade den där nyckeln som han hittat i moster Signes kökslåda ut på golvet. Anton plockade upp den och tittade tankfullt på nyckelringen. Operan. Han hade aldrig hört moster Signe prata om operan och så vitt han visste hade hon heller aldrig lyssnat på någon opera. Hon hade bara lyssnat på P4 på radion i köket. I vardagsrummet hade hon läst eller sett på TV och i sovrummet hade hon väl mest sovit, trodde Anton. Någon musikanläggning eller andra antydningar om att opera hade varit något av Signes intressen hade inte dykt upp. Anton funderade på i vilket lås den där stora nyckeln skulle passa. Han kände sig som en hemlig agent igen och motstod frestelsen att messa Oskar och berätta om nyckeln. Innan han somnade bestämde han sig för att ta reda på var det där låset befann sig.
→ 16

FAKTA 15

Man kanske inte kan räkna pizza till svensk husmanskost, men det har faktiskt serverats pizza i Sverige sedan 1947. Det var de italienska arbetarna på ASEA i Västerås som introducerade pizzan, men svenskarna var svårflörtade. Först 1968 kom de första pizzeriorna där det bara serverades pizza. Året därpå var det en ekonomiskt sinnad krögare som kom på idéen att servera en billig sallad på strimlad vitkål med en vinägrettsås i väntan på att pizzorna skulle bli klara. Idag är denna så kallade pizzasallad ett självklart tillbehör på de allra flesta svenska pizzerior.

Om du tröttnat på de vanliga pizzorna capricciosa, calzone och quattro stagione från pizzabutiken på hörnet, kan du satsa på en lite finare pizzarestaurang som har en vedeldad stenugn.

Istället för att erbjuda klassiska italienska pizzor med mozzarella och basilika är det många som ger sin pizza en mer svensk touch och ersätter den italienska osten med prästost eller västerbottenost och dill. Ansjovis, löjrom och potatis är alla ingredienser som passar utmärkt på en pizza, tycker många svenska pizzabagare.

Kombinera ingredienserna med namnet!

1. Capricciosa
2. Calzone
3. Quattro stagione
4. Afrikana

a. skinka, ananas, banan, curry
b. skinka, champinjoner
c. skinka (inbakad)
d. skinka, räkor, champinjoner, musslor

GRAMMATIK 16

partikelverb

Partikelverb är precis det som man kan tro: ett verb med en partikel! Det spännande är att partikeln helt ändrar betydelsen av verbet, men verbet konjugeras tack och lov alltid på samma sätt.

att ta(ga) (tar | tog | tagit):
ta reda på ⇨ finna ut sanningen
ta upp ⇨ plocka upp något konkret eller i tanken
ta fram ⇨ plocka fram något
ta ut ⇨ hämta kontanter på banken till exempel
ta igen ⇨ göra om något man missat
ta bort ⇨ avlägsna
ta av ⇨ klä av sig
ta efter ⇨ härma, göra samma sak som någon
ta emot ⇨ få något av något
ta fel ⇨ göra ett misstag

Två veckor senare hade Anton tvättid. När han stod i tvättstugan och stoppade in jeansen han hade haft på sig när han röjde ur köket i moster Signes lägenhet i maskinen, kom han att tänka på nyckeln. Han hade inte tänkt på nyckeln sedan han somnade den där lördagskvällen. Han sprang upp till sitt rum och började leta på skrivbordet. Jo, under en bok, hittade han nyckeln. Han höll den i handen. Den var ganska tung och såg ut att passa till en stor, gammaldags dörr. Men vilken dörr? Ingen dörr i mosters lägenhet ialla fall, den saken var säker. Han stoppade ner nyckeln i byxfickan när han gick ner till tvättstugan för att slänga in den blöta tvätten i torktumlaren. "Den ska vara min lyckobringare", tänkte Anton. "Jag ska alltid ha den med mig." → 17

ORDFÖRRÅD 17

skrock

Har du också ett föremål som du tror för tur med sig? Om du inte vill kalla den lyckobringare kan du säga en maskot, en amulett eller en talisman.

Man skulle kunna säga att bära med sig en lyckobringare, är att tro på skrock. Om en svart katt korsar gatan, betyder det otur. Du kan "skydda dig" mot oturen genom att spotta tre gånger.

Om du tar in ljung i huset, säger en del att det betyder att någon snart kommer att dö. "Ta in ljung – dö ung" sägs det i norra Sverige.
Det betyder otur att lägga nycklarna på bordet och att gå under en stege. Om du lyckas välta tårtbiten, när du lägger den på assietten, blir du inte gift.

Och fredagen den 13, ska du nog helst stanna inne!

Nyckeln låg och skavde vecka ut och vecka in i Antons byxficka. Den var egentligen alldeles för stor att bära med sig på det viset, så han hade försökt att hänga den i en läderrem runt halsen i stället, men då såg han ut som någon sorts vaktmästare. Han hade fortfarande inte berättat för Oskar, eller någon annan i familjen, varken om nyckeln han hittat eller att han hade bestämt sig för att behålla den. Antagligen hade det inte varit någon som skulle protesterat, men Anton tyckte att det kändes som om nyckeln var en hemlighet mellan moster Signe och honom. Det kändes fint.

Det var onsdageftermiddag. Anton var nere på stan och regnet hängde i luften när han passerade operan. Han stannade till och fingrade på mosters nyckel i fickan. Det är en rejäl byggnad, operan, det är det allt. Han bestämde sig snabbt: "När jag ändå är här, kan jag ju kolla om nyckeln passar någonstans."

Han smög runt byggnaden och kollade efter sidodörrar, för han trodde ju inte att moster Signes nyckel skulle passa till huvudentrén direkt. Och han skulle aldrig ha vågat gå fram till den stora porten, väl synlig för passerande stockholmare och turister. Han kände sig lite fånig, men kunde inte låta bli att försöka. → 18

GRAMMATIK 18

verbgrupper

Vilka verbgrupper hör följande verb till? Fyll i tabellen!

verbgrupp	infinitiv	presens	preteritum	supinum
	stanna			
	hänga			
	försöka			
	tro			
	smyga			
	vara			

Sätt in rätt verb i rätt tidsform i meningarna!

1. Om du kommer hem sent och inte vill väcka resten av familjen, måste du ___________ .
2. Anton ___________ hitta den dörr som Signes nyckel passade till.
3. Vi ska inte resa bort alls i sommar. Vi ___________ hemma i år.
4. ___________ jackan på hatthyllan i hallen, är du snäll.
5. Lena ___________ en väldigt jordnära människa. Hon har aldrig ___________ på spöken. Hon ___________ bara på det hon kan se!

När nyckeln passade i en ganska vanlig brun dörr på baksidan, blev han inte ens förvånad. Han bara vred om, öppnade dörren och gick in. Han stängde ordentligt, låste dörren bakom sig med moster Signes nyckel och såg sig omkring. Han stod i ett mörkt skrymsle och innan hans ögon hade vant sig vid ljuset, såg han nästan ingenting. Han stod alldeles stilla och väntade på att ögonen skulle anpassa sig.

Plötsligt hörde han en röst: ”Hallå där, vem är du?” Anton blinkade in i mörkret och såg hur en äldre herre i mörk kostym och en röd fluga kom emot honom. ”Äh … jag heter Anton”, klämde han fram. Mannen tittade strängt på honom och sa: ”Men hur kom du in här? Det där ju Signes dörr!” Anton höll upp Signes nyckel och mannens stränga ansikte sprack upp i ett stort leende. ”Åh, den lilla raringen!” Mannen sträckte fram sin hand för att ta emot nyckeln, men Anton ville inte alls lämna i från sig den. Han stoppade snabbt tillbaka den till sin plats i byxfickan. Leendet försvann från mannens ansikte och han såg sträng ut igen. ”Det är nog bäst att du följer med mig”, sa han och tog Anton i armen. → 19

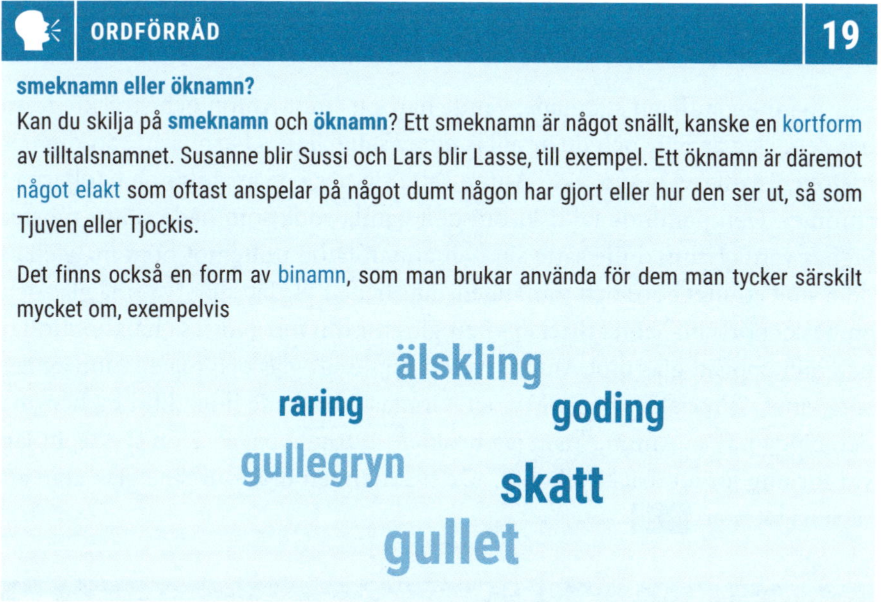

ORDFÖRRÅD **19**

smeknamn eller öknamn?

Kan du skilja på **smeknamn** och **öknamn**? Ett smeknamn är något snällt, kanske en kortform av tilltalsnamnet. Susanne blir Sussi och Lars blir Lasse, till exempel. Ett öknamn är däremot något elakt som oftast anspelar på något dumt någon har gjort eller hur den ser ut, så som Tjuven eller Tjockis.

Det finns också en form av binamn, som man brukar använda för dem man tycker särskilt mycket om, exempelvis

I en bråkdels sekund tänkte han rycka sig loss ur mannens bestämda grepp och försvinna ut i Stockholms sommarnatt, lika snabbt som han kommit in i mörkret på operan. Men Anton var verkligen nyfiken på vem mannen var och vad det hela kunde ha att göra med moster Signe, så han lät sig föras djupare in i byggnaden.

Efter ett par meter, när mannen märkte att Anton inte gjorde något motstånd, släppte han honom och ilade raskt upp för en trappa. När han var nästan uppe, vände han sig om för att se om Anton fortfarande var med. Han nickade uppmuntrande och muttrade något som Anton inte kunde höra. När Anton efter en lång gång och ytterligare en trapp hann i kapp honom, var han rejält andfådd. ”Vart ska vi egentligen?” pustade han. Han fick kämpa för att hålla jämna steg med mannen och det var ansträngande att prata samtidigt.

Utan att sakta ner började mannen att prata. ”Det här är så att säga bakom kulisserna. Det är inte hit man kommer som besökare när man vill lyssna på Verdi eller titta på Svansjön, så bli inte orolig för att du inte känner igen dig. Har du varit här som publik någon gång, förresten? Ungdomar nu för tiden brukar inte vara våra stamkunder direkt...” Anton hann inte svara, för mannen fortsatte att prata och gå längre och längre in i byggnaden. Det kändes som om de kom längre och längre in i en labyrint och Anton undrade om han ens skulle kunna hitta tillbaka ut härifrån. Han såg sig omkring och kunde inte ens upptäcka några gröna lysande skyltar med ”nödutgång” på.

När mannen äntligen stannade, vände han sig emot Anton och sträckte fram handen. ”Jag är Fille och du är alltså ett av salig Signes barnbarn. Sätt dig ner i fåtöljen, så får vi pratas vid.” Anton satte sig ner i en av de slitna fåtöljerna i rummet. Den påminde faktiskt om den gamla röda som hade stått i moster Signes vardagsrum. Fille satte sig i en annan fåtölj mittemot honom. Mellan dem stod ett litet bord och från ingenstans hade Fille fått upp två små glas och en flaska portvin. ”Först dricker vi ett glas för din mormor”, sa han högtidligt och höll upp sitt glas mot Anton. Anton höjde sitt glas och tog en mun av det söta vinet. ”Precis det här portvinet, Grådask, brukade hon alltid ha hemma och bjuda på”, sa Anton, ”men jag brukade aldrig få något. Hon tyckte att jag var för ung för att dricka alkohol.” De två männen drack ur sina glas utan att säga något mer. → 20

FAKTA **20**

alkohol

Alkoholpolitiken i Sverige går ut på att minska alkoholkonsumtionen och främja folkhälsan. Man vill också skydda barn och unga från alkoholens skadeverkningar.

Därför kan man bara köpa sprit, öl och vin med högre alkoholhalt än 3,5 volymprocent i en särskild affär, nämligen systembolaget. Systembolaget grundades 1955 och är ett statligt företag, vars öppettider bestäms av riksdagen. Måndag till fredag är det öppet från klockan 10 till klockan 18 eller 19. På lördagar stänger man redan klockan 14 eller 15. På söndagar är det stängt.

Man måste vara minst 20 år för att få handla på systembolaget och man får inte vara berusad. Det är förbjudet att köpa alkohol till unga eller berusade. Det kallas langning och kan ge böter eller fängelse upp till fyra år.

”Moster Signe var förresten inte min mormor”, började Anton. ”Hon var min mammas moster. Min mormor, Signes syster alltså, bor i Falun.” Fille tittade förvånat upp från sitt tomma portvinsglas. ”Nej, min unge man, det där stämmer dåligt med mina informationer. Du är väl en av Lenas söner, eller hur?” Anton nickade. ”Oj, oj, oj! Då har ingen talat om för dig att Signe var Lenas biologiska mor?” Han hällde upp portvin till brädden i båda glasen. ”Signe blev gravid med någon bondtölp uppe i Dalarna. Hon var inte särskilt intresserad av att gifta sig och absolut inte med honom, så hon blev tvungen att lämna sin nyfödda dotter hos systern och flyttade till Stockholm. Den där karln, förstår du, han var inte särskilt glad över att Signe tackade nej till hans frieri.”

Anton tog en klunk portvin och försökte förstå vad han just hade hört. ”Signe fick lova sin syster att aldrig avslöja för Lena hur det verkligen hängde ihop”, fortsatte Fille, ”men jag trodde att korten hade kommit upp på bordet efter Signes död.” Anton stirrade på Fille och tog en klunk portvin till. ”Men vem är du? Och varför hade moster Signe en nyckel hit? Och varför har hon aldrig sagt något?”

Fille fyllde på Antons glas med en portvinsflaska som aldrig tycktes ta slut. ”Nu tar vi en sak i taget. Jag var Signes … tja, ska vi kalla det hemlige vän? När hon kom till Stockholm var hon förfärligt ensam och ledsen. Hon saknade sin lilla dotter, förstås, och hon var rädd att den där bondtölpen på något sätt skulle leta upp henne och tvinga hem henne igen. En dag när jag gick hem härifrån, hittade jag Signe utanför på en bänk. Hon grät så att hon skakade och jag gick fram till henne och frågade hur det var fatt. Då berättade hon hela historien för mig och vi blev goda vänner. På den tiden bodde hon i ett rum hos änkefru Hansson och hon såg inte med blida ögon på herrbesök. Eller besök överhuvudtaget! Den satkärringen var satt att vaka över att stackars Signe inte skulle hamna i olycka en gång till, förstår du.” ”Men vad gjorde du på operan? Och var du och Signe kära i varandra?” undrade Anton. ”På den tiden var jag sångare, men jag älskade musiken mer än publiken, skulle man väl kunna säga, så efter ett tag tröttnade jag på scenen och blev någon slags vaktmästare här i stället.” Fille tog en klunk ur sitt glas. ”Och Signe var en underbar kvinna, det var hon verkligen. Men jag hade ju Pålle på den tiden, så någon sådan kärlek mellan Signe och mig var det aldrig tal om. Pålle var en fantastisk man, men väldigt svartsjuk och lite väl förtjust i dramatik, så efter att han för hundrade gången ställt till en scen för att jag hade träffat Signe, gav jag henne en nyckel hit. Här kunde vi träffas i lugn och ro, utan vare sig satmaran Hanssons vakande blick eller Pålles idiotiska utbrott. Första vintern gick vi ofta på bio, för att få vara ifred, men där kunde man ju inte prata ordentligt, så det slutade vi med, när jag kom på att vi kunde träffas här istället." → 21

ORDFÖRRÅD 21

familjord

Kan du namnet på följande släktingar?

1. Lena är Antons ___________ .
2. Signe är Antons ___________ .
3. Lena är Signes ___________ .
4. Lena "mamma" är egentligen hennes ___________ .
5. Bondtölpen i Dalarna är Lenas ___________ och Antons ___________ .
6. Bondtölpens syskons barn är Antons ___________ .

"Var det filmstaden ni gick på?" undrade Anton och tänkte på den gamla biobiljetten i moster Signes kök. "Jajamensan!" sa Fille glatt. "Men varför tog Signe aldrig med oss hit? Varför fick vi aldrig träffa dig, om du var en så viktig person för henne?" Fille log från öra till öra. "Det här stället var helig mark för Signe och mig. Ingen förutom vi två, kände till det här skrymslet. Det ville hon inte dela med någon, inte ens med er barnbarn. Men visst har vi träffats, käre Anton, även om det var ett par år sedan sist. Vem tror du det var som tipsade om böcker på biblioteket? Eller vem som ni träffade på konstutställning efter konstutställning? Och den snälle herren som ofta satt brevid er på kondis och bjöd på bullar? Allt det där var jag! Signe var så stolt över sina barnbarn, hon ville alltid visa upp er, ska du veta."

Det var inte lite information för Anton att smälta! Mammas moster Signe var hans mormor, mormor i Falun var hans mammas moster och Signe hade under alla år fört dem bakom ljuset. Förutom Fille, som verkade veta precis allt. "Är du säker på att inte Lena vet att Signe är hennes mamma?" frågade Fille. "Jag är helt säker", sa han. "Hon är så himla noga med allt, hon skulle ha vänt upp och ner på hela Dalarna för att hitta sin biologiska pappa och det skulle vi ha hört talas om, det kan du lita på. Min mamma är extremt effektiv och väldigt noga med att det ska vara rättvist, men hon är inte särskilt bra på att behålla hemligheter för sig själv." "Hur är det med dig då?" frågade Fille, "är du bra på att tiga?" "Som muren", sa Anton. Fille såg eftertänksam ut. "Jag tror att du ska vänta lite innan du talar om för din mamma och dina syskon vad du fått veta idag. Du kanske ska börja med att prata med henne som du hitintills har kallat för din mormor? Jag tror att det är bäst om hon berättar för Lena om hur de tänkte och vad de bestämde innan hon föddes." → 22

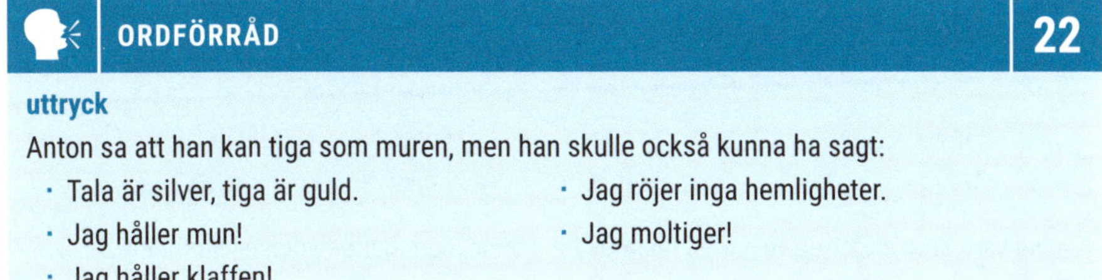

ORDFÖRRÅD **22**

uttryck

Anton sa att han kan tiga som muren, men han skulle också kunna ha sagt:

- Tala är silver, tiga är guld.
- Jag håller mun!
- Jag håller klaffen!
- Jag röjer inga hemligheter.
- Jag moltiger!

Fille räckte fram handen mot Anton. "Och nu ger du mig Signes nyckel. Jag kan inte riskera att du drar runt här inne i tid och otid, ser du. Jag skulle kunna bli av med jobbet för mindre!" Anton såg fundersam ut. "Bli av med jobbet? Är inte du pensionär?" Fille rynkade på näsan och sa föraktfullt: "Pensionär och pensionär, det kanske jag är. Men det här är mitt ställe och jag vet ingen annanstans jag känner mig så hemma som här." "Vad hände med Pålle?" undrade Anton och tänkte i samma ögonblick att det var en alltför nyfiken fråga. "Pålle drog till Amerika och trodde att han skulle slå igenom i Hollywood. Det gjorde han inte, men han blev kvar där och vi förlorade kontakten."

"Jag lovar att aldrig mer använda nyckeln", sa Anton, "bara jag får behålla den. Det är mitt minne av min ... mormor!" Fille log vänligt mot Anton. "Nåja, det är ju ingen som vet att nyckeln finns, så om du inte går runt och viftar med den, så gör det väl ingen skada. Och kom i håg, inga hemliga rendez-vous i Operans lokaler!" Anton lovade allt vad Fille ville höra. "Hittar du ut själv? Jag har lite att pyssla med nu", sa han plötsligt.

"Äh", sa Anton tveksamt, "jag är inte säker på det, faktiskt." Fille såg plötsligt väldigt gammal och irriterad ut. "Det är inte så svårt, gå bara till vänster när du kommer ut ur rummet här, sedan rakt fram till trappan och ...". Beskrivningen höll på och höll på. Anton nickade och hoppades att han skulle komma ihåg allt. "Iväg med dig nu", sa Fille och rufsade om Anton i håret, som när han hade var en liten pojke och Fille hade bjudit på bullar på konditori. → 23

GRAMMATIK 23

Vissa verb i svenskan slutar på **s** i infinitiv, till exempel hoppas, trivas, finnas, lyckas, svettas, minnas. **S:et** finns sedan kvar i alla former – kolla här!

	infinitiv	**imperativ**	**presens**	**preteritum**	**supinum**
1	hoppas	hoppas!	hoppa**s**	hoppade**s**	hoppat**s**
2a	minnas	minns!	minn**s**	minde**s**	mint**s**
2b	kräkas	kräks!	kräk**s**	kräkte**s**	kräkt**s**
4	finnas	–	finn**s**	fann**s**	funnit**s**

En del verb som slutar på **-s** har en reciprok betydelse, som ger betydelsen varandra.

Det tog en stund, men Anton lyckades leta sig tillbaka till Signes bruna dörr och stod utanför Operan igen. Han satte sig på en bänk och undrade samtidigt om det var samma bänk Signe hade suttit och gråtit på en kväll för länge sedan. Han funderade på vem han skulle kunna prata med om allt han fått veta den senaste timmen. Han tog upp telefonen, scrollade fram Annika och skrev ”Kaffe? Jag bjuder!”

GLOSLISTA

röj/a, -er -de, -t ur — ausräumen
en gammelmost/er, -rar — Tante mütterlicherseits von Mutter oder Vater
lyssna, -r, -de, -t — zuhören
lova, -r, de, -t — versprechen
en bondgård, -ar — Bauernhof
ett syskon, – — Geschwister
tillbringa, -r, -de, -t — verbringen, verleben
ett sommarlov, – — Sommerferien
kvar — übrig
en trädgård, -ar — Garten
ett malmedel, – — Mottenmittel
ärv/a, -er, -de, -t — erben
triv/as, -s, -des, -ts — wohlfühlen
en helg, -er — Wochenende, Feiertag
en öl, -er — Bier
skippa, -r, -de, -t — überspringen
en ångvält, -ar — Dampfwalze
blöt — nass
hinn/a, -er, hann, hunnit — zeitlich schaffen
otålig — ungeduldig
flörta, -r, -de, -t — flirten
en kö, -er — Schlange
bråttom — eilig
skoja, -r, -de, -t — scherzen
frisk — gesund
överdriv/a, -er, -drev, -it — übertreiben
skäm/mas, -s, -des, -ts — schämen
en fåtölj, -er — Sessel
fatta/s, -s, -des, -ts — fehlen
skir — zart
ett skafferi, -er — Vorratsschrank
(en) kaffesump — Kaffeesatz
en assiett, -er — kleiner Teller
virka, -r, -de, -t — häkeln
en kudd/e, -ar — Kissen
bråka, -r, -de, -t — streiten
(en) påtår — zweite Tasse Kaffee
vissen — verwelkt
slösa, -r, -de, -t — verschwenden
ett gem, – — Büroklammer
sörpla, -r, -de, -t — schlürfen
sorgsen — traurig
en fick/a, -or — angenähte Tasche
släng/a, -er, -de, -t — wegwerfen
en återvinningscentral, -er — Recyclinganlage
nöjd — zufrieden
erkänn/a, -er, -de, -t — zugeben
ramla, -r, -de, -t — stolpern, fallen
dyk/a, -er, dök, -t upp — auftauchen
en frestelse, -r — Versuchung
en torktumlare, – — Wäschetrockner
skav/a, -er, -de, -t — scheuern
en vaktmästare, – — Hausmeister/-in
fånig — lächerlich
förvånad — erstaunt
en kostym, -er — Anzug
nyfiken — neugierig
sliten — abgetragen, abgenutzt
till brädden — bis zur Kante
gravid — schwanger
en bondtölp, -ar — Bauerntrampel
ett frieri, -er — Heiratsantrag
sakna, -r, -de, -t — vermissen
ett skrymsle, -n — Winkel
smält/a, -er, -te, -t — verdauen
hitintills — bisher
pyssla, -r, -de, -t — basteln, herumpusseln
en stund, -er — Weilchen

Diskussionsfrågor

1. På vilket sätt tycker du att Anton liknar sin mamma?
2. Vad tror du att Anton och Annika studerar?
3. Vad tycker du om att göra i hushållet? Vad avskyr du?
4. Vilket intryck får du av moster Signe?
5. Vem av syskonen tror du att Anton har mest kontakt med? Varför?
6. Vad tycker du om att Anton helt enkelt behåller nyckeln, utan att säga något till någon i familjen?
7. Berätta om din favoritpizza! Eller om du inte gillar pizza, berätta om en annan maträtt som du verkligen tycker om.
8. Vad är det mest intressanta man får veta om Fille?
9. Vad tycker du att Anton ska göra med den informationen han fått?
10. Varför tror du att Signe aldrig berättade sanningen för Lena?

ETT ABBA-RELATERAT ÄVENTYR

Susanne, 57, galen i ABBA
Peter, 59, hennes biltokige man
Lucy, 42, Susannes internetkompis

PERSONER

Susanne är trött på att det inte händer något spännande längre. Barnen är vuxna och har flyttat hemifrån. Hennes man intresserar sig mer för bilar än för sin fru. Susanne får en idé och bestämmer sig för att göra en alldeles egen utflykt.

Den 6 april 1974 vann den svenska popgruppen ABBA Eurovisions Song Contest i Brighton. Susanne var barn och satt med sina föräldrar och sin storasyster Petra i gillestugan i familjens villa i Ängelholm och tittade. Hon visste direkt att hon alltid skulle älska Agnetha, Björn, Benny och Frida! →1 →2

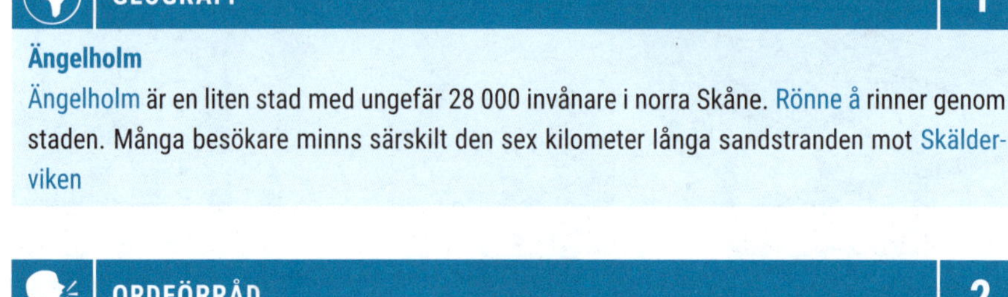

GEOGRAFI **1**

Ängelholm

Ängelholm är en liten stad med ungefär 28 000 invånare i norra Skåne. Rönne å rinner genom staden. Många besökare minns särskilt den sex kilometer långa sandstranden mot Skälderviken

ORDFÖRRÅD **2**

rum

På 70-talet hade många svenska villor ett vardagsrum i källaren som de kallade för gillestuga. Vilka tre rum finns definitivt inte i ett vanlig svenskt bostadshus?

ett kök
en barnkammare
ett mejeri
en matkällare
en tvättstuga
ett gästrum
ett badrum
en hundkoja
en bastu
ett arbetsrum
en aula
ett källarförråd
ett sovrum
en kattvind

Hon lyssnade på musiken, kunde alla låtar uttantill och på klassens timme var det ABBA-playback nästan varenda fredag. Hon läste artiklar om ABBA i alla veckotidningar hon kunde komma över och gjorde en klippbok. Väggarna i hennes rum var fulla med planscher på ABBA. Hon drömde om att få se dem live och blev medlem i deras fan-club. →3

När ”alla andra” hade tröttnat på ABBA och dansade till Boney M och BeeGees på skoldiscot, fortsatte Susanne att gilla ABBA, men lite mer diskret. Planscherna byttes ut mot romantiska bilder på unga par under palmer i solnedgång och på sin stereoanläggning spelade hon inte längre bara ABBA.

”Sussi! Hör du illa?” Susannes man Peter försöker prata med henne. Han är irriterad, det hör hon på rösten. ”Nej, jag satt bara och tänkte på annat”, svarar hon. Det var helt sant. Hon hade suttit och tänkt på om det inte vore dags att ordna en större fest. En fest med vänner och grannar, en stor buffet och en välfylld bar. Och musik! Så att de skulle kunna dansa hela natten, precis som förr i världen! "Jag tänkte beställa pizza. Vill du ha salami eller kebabkött på din?" Susanne tränger bort tankarna på festen och försöker koncentrera sig på Peter. "Det spelar ingen roll", suckar hon.

När de gifte sig för många år sedan, spelade DJ:n nästan bara ABBA-musik hela kvällen. Susanne hade haft en hellång brudklänning med mycket spets, håret var blonderat och lockat. Hon var mycket förälskad i Peter och så lycklig! Hon kände sig som *Dancing Queen* hela kvällen. Peter hade förstått att Susanne var väldigt förtjust i ABBA, men han var ju väldigt förtjust i henne, så han tyckte inte att det var något problem. Men han sa bestämt nej till att kalla döttrarna Agnetha och Frida! Susanne lyckades få igenom ABBA-relaterade namn utan att han märkte det: äldsta dottern fick heta Mia efter låten *Mama Mia* och yngsta fick namnet Anni efter Fridas riktiga namn Anni-Frid. → 4

FAKTA 3

Popgruppen **ABBA**, 1972–1983, bestod av **A**gnetha Fältskog, **B**jörn Ulveus, **B**enny Andersson och **A**nni-Frid (Frida) Lyngstad.
Deras internationella genombrott var just melodifestivalen i Brighton 1974. Under de aktiva elva åren släppte de åtta LP-skivor och med 400 miljoner sålda skivor är de Sveriges mest framgångsrika popexport någonsin.

2021 släpptes albumet *Voyage* med tio nya låtar.

GRAMMATIK 4

adjektiv

Susanne var så lycklig när hon och Peter gifte sig! Hon är inte direkt olycklig nu, men saknar ibland känslan från de första åren.

En del adjektiv är väldigt lätta att hitta motsatsen till – det räcker att sätt "o" framför, så är det klart!
lycklig ⇨ olycklig
rättvis ⇨ orättvis
säker ⇨ osäker

Varning: rolig/orolig är inga motsatser!

”Peter, har inte du också lust att fixa en stor fest? Med DJ, mat och drinkar?”, frågar Susanne efter att hon ätit upp den sista pizzakanten. ”Vadå för fest?” säger Peter och petar i sig lite till av av pizza-salladen. ”Det är ju ingen av oss som fyller jämnt.”

Susanne skakar på huvudet. ”Man måste väl inte ha någon anledning för att bjuda in till fest. Det skulle bara vara så kul att ha en riktig fest igen! Det var så länge sedan sist”, säger hon. Peter fäller ihop locket på sin tomma pizzakartong och sträcker sig över bordet och gör samma sak med Susannes. ”Det är ju bara det”, säger han fundersamt, ”att inga av våra vänner gillar att dansa till gamla ABBA-låtar hela nätterna längre. De vill hellre äta en fem-rätters-avsmakningsmeny med passande viner.” Susanne stönar högt. Han har tyvärr rätt. Hon kan inte komma på en enda av deras vänner som skulle gilla att festa loss, så som hon önskar sig.

”Peter, jag har en annan idé!”, säger Susanne vid frukosten nästa morgon. ”Kan vi inte åka på en weekend-resa till London?” Peter tittar förvånat upp från sin tallrik med havregrynsgröt och mjölk. ”Till London?” säger han förvånat. ”Vad ska vi där och göra? Jag har så himla mycket att göra på verkstaden just nu. Och i nästa vecka måste jag åka med Markus till Köpenhamn och kolla på en gammal amerikanare som vi kanske ska köpa.” När han ser hur besviken Susanne blir, lägger han till: ”Men du kanske vill följa med oss till Köpenhamn? Du kan gå och shoppa eller något medan vi kollar på bilen och förhandlar om ett pris med bilhandlaren?” Nej, det har hon verkligen ingen lust med! Hon hade gjort det misstaget förr. Att åka med dem, Peter och hans kompanjon Markus alltså, när de köper bilar. För dem var det ju en affärsresa och de var totalt ointresserade av att hitta på något utöver det. Och faktiskt ganska ointresserade av att anpassa sig till det som Susanne var intresserad av. Hon skakar på huvudet och mumlar ”Snällt, älskling, men det är inte riktigt det jag är ute efter.” → 5

Hon hade fått med sig det gamla tjejgänget till musikalen *Kristina från Duvemåla* på Malmö Stadsteater 1995. Då hade alla haft småbarn och var glada över att ha barnvakt en kväll. Åh, vad Björn och Bennys musik var stämningsfull och vacker! Efter musikalen var de ute på restaurang och åt, men en efter en ville tjejerna åka hem och sova. ”Ja, ni vet ju hur det är med ungarna”, sade de. Susanne var lite besviken, men hon visste ju precis hur det var, för hennes döttrar hade inte heller förstått vitsen med sovmorgon. → 6

GRAMMATIK 5

personliga pronomen

Kom i håg!

subjekt	reflexiva
jag	mig
du	dig
hon	henne
han	honom
hen	hen
vi	oss
ni	er
de	dem

Exempel:

Åk med mig till London!

Säg till honom att åka ensam till Köpenhamn.

Det är alltid så mycket att göra hos er på verkstaden.

FAKTA 6

Kristina från Duvemåla

Musikalen Kristina från Duvemåla hade urpremiär i Malmö 1995. Musiken var skriven av Benny Andersson. Björn Ulveus text bygger på författaren Vilhelm Mobergs romaner om utvandrarna Karl-Oskar och Kristina. De lämnade Småland på 1800-talet för ett nytt liv i Nordamerika. I Malmö spelade Helen Sjöholm Kristina och Karl-Oskar spelades av Anders Ekborg.

Så sent som 2008 fick Susanne med sig gänget på bio för att se filmen *Mama Mia*. Det var ännu roligare än musikalen, tyckte Susanne, eftersom de kunde alla texterna och sjöng med hela tiden. Efter filmen hade de varit ute på en bar och druckit drinkar. Då var det ingen som hade särskilt bråttom hem längre. Men när andra *Mama Mia* kom tio år senare, var det ingen av tjejerna som hade lust. Då hade Susanne bjudit med sig sina egna döttrar och de hade haft en rolig kväll.

Nu har döttrarna har flyttat hemifrån för länge sedan. Susanne och Peter bor kvar i huset som de köpte när flickorna var små. Huset ligger strax utanför

Malmö. Susanne jobbar som förskolelärare och Peters bilverkstad har fem anställda. Han har specialiserat sig på att köpa gamla amerikanska bilar och rusta upp dem. ”Och sälja dem hutlöst dyrt till samlare”, brukar Susanne förklara om det är någon som undrar vad hennes man jobbar med. → 7

GEOGRAFI **7**

Malmö

Malmö är Sveriges tredje största stad och har nästan 350 000 invånare. Befolkningen är ung, hälften av dem är under 35 år. Och staden är internationell! Invånarna har sina rötter i 179 nationer! Sedan Öresundsbron stod klar år 2000, räknas storstadsområdet Stormalmö och Köpenhamn som Nordens största samarbetsregion.

Malmöiterna, så kallas de som bor i Malmö, brukar säga att de har världens godaste falafel! Bra falafel ställen finns överallt och den är inte ens dyr. För mindre än en femtiolapp, blir du riktigt mätt!

”Hej Maria!” hojtar Susanne i telefonen en torsdagskväll. ”Hur är läget?” Maria svarar: ”Det var länge sedan! Jo, det är okej med oss. Vi håller på att sälja huset, vi ska flytta till något mindre. Barnen har ju flyttat hemifrån, så huset är för stort nu. Mycket att göra, men annars är det bra!” Susanne vill fortfarande ”hitta på något spännande” så hon försöker få med sina gamla tjejkompisar från Ängelholm på något. Men det går inte så bra … Maria är för upptagen med flytten, Pia håller på att separera, Anna har precis satt upp en vävstol i den före detta barnkammaren och Ulle har just fått sitt första barnbarn. Ingen av dem är pigga på att ”hitta på något” som Susanne svävande hade föreslagit.

Susanne skriver ett meddelande till Mia och Anni: ”Hänger ni med på spa-helg med er gamla mamma nästa vecka?”. När en spa-helg med döttrarna blev något spännande, kan Susanne inte riktigt svara på, men bättre än att sitta ensam hemma en helg till. Peter hade så mycket att göra i verkstaden att det kändes som om han bara kom hem och sov, duschade och åt.

Hon har inte mycket hopp om att döttrarna spontant ska ha tid att åka på spa, men man måste ju åtminstone försöka, tänker Susanne. Mia har precis flyttat ihop med sin kille och är mest intresserad av heminredning. Anni ägnar all fritid åt sina hästar. Och svaren blev precis vad hon väntat sig: ”Hej mamma, villken kul idé” svarar Mia. ”I helgen kan jag inte, vi ska tapetsera i sovrummet på lördag. Kom gärna hit och hjälp till. Din goda smak är alltid välkommen. Jakob hälsar – kram, kram!” Från Anni kommer ett kort meddelande: ”Hoppturnering i Båstad. Du kanske vill följa med och titta?" Susanne älskar sina döttrar, men hon har lite svårt för Mias sambo och ännu svårare för Annis hästar.

Nej, Susanne är inte olycklig – hon har bara tråkigt! Hon har aldrig tänkt på att separera från Peter. De har det fortfarande bra ihop även om de inte delar så många intressen längre. Hon kan inte klaga på jobbet heller. Hon gillar sitt jobb på förskolan, både ungarna och kollegorna är roliga att vara med. "Men det händer aldrig något överraskande nu för tiden", tänker hon. "Det måste väl finns något roligare än vävning och att vänta på barnbarn?" → 8

GRAMMATIK 8

repetition: verb med reflexiva pronomen

Det är många år sedan Susanne och Peter gifte sig. De är fortfarande lyckliga och vill inte skilja sig. Men ibland känner Susanne sig lite uttråkad.

Det reflexiva pronomenet för tredje person i singular och plural är sig. Titta i tabellen, så ser du vad som gäller för de andra personerna!

personliga pronomen	verb	reflexiva pronomen
jag	lägger	mig
du	bestämmer	dig
han/hon/hen	koncentrerar	sig
vi	skyndar	oss
ni	sminkar	er
de	lär	sig

Välj ett passande verb och använd rätt form av det reflexiva pronomenet!

1. Klockan är mycket! Nu måste ni ____________ .
2. Det här är svårt! Jag måste ____________ .
3. Du ser lite trött och hängig ut. ____________ så ser du lite piggare ut!
4. Silke och Silvia pluggar tillsammans. De ____________ svenska.
5. Jacob, tycker inte du att vi ska ____________ i sommar? Jag är så himla kär i dig och vill alltid leva med dig!
6. Om ni vill hinna med bussen, måste ni ____________ .
7. Anni vet inte om hon ska anmäla sig till hopptävlingen nästa helg. Hon kan inte ____________ .
8. Jag har ont i kroppen och ____________ sjuk. Det är nog bäst att jag stannar hemma idag.
9. Pia och hennes man ska ____________ . De lyckades inte reda ut sina äktenskapsproblem.

Susanne sitter på terassen och dricker kaffe. Hon älskar sin trädgård och hon vill inte flytta, även om huset egentligen är för stort och de flesta grannarna är nyinflyttade med småbarn. De är trevliga, absolut, men de vill helst prata med Susanne om förskolan, potträning och läggningsrutiner och det tycker Susanne är förfärligt tråkiga samtalsämnen! Hon skulle vilja dansa nätterna igenom, dricka för många paraplydrinkar och sjunga gamla ABBA-låtar tills hon blir så hes att hon inte kan prata nästa dag. Det är det ingen av de nya grannarna som är intresserade av.

Peter gillar att jobba och om han ska vara riktigt ärlig, så är han mer än lovligt trött på ABBA! En kväll i höstas när han kom hem, hade Susanne släckt ner i huset och hängt upp den gamla discokulan i vardagsrummet och dansade för sig själv med ett glas rödvin i handen till *Gimme, gimme, gimme a man after midnight.* Hon blev jätteglad när han kom och bad honom dansa med henne. ”Här önskar man sig en man och så kommer du, det är ju fantastiskt!” lullade hon. Hon hade faktiskt hunnit ta mer än ett glas rödvin … Peter blev inte alls glad, utan skek argt: ”Jag står inte ut! En ABBA-låt till och jag tar ut skilsmässa!”

Sedan dess har Susanne inte vågat spela några ABBA-låtar högt i vardagsrummet längre. Nuförtiden lyssnar hon bara i hörlurarna när hon joggar. Hon kan inte helt sluta att lyssna på sin ”comfort-music” som hon kallar den, men hon vill ju inte reta upp Peter i onödan.

Efter att Susanne utan framgång försökt liva upp sina gamla fan-club-kontakter från barndomen, går hon med i en ABBA-fan-grupp på nätet istället. Och nu börjar det hända saker! Det finns jättemånga människor som fortfarande är intresserade av ABBA, märker hon och det är många som vill ses! Det verkar som om de är lika festsugna som Susanne. Tyvärr, kan hon ju inte berätta något om sina nya vänner på nätet för Peter, för han vill ju inte höra talas om ABBA längre, men Susanne har jättekul och när hon chattar med dem på sina långa, ensamma kvällar, känner hon sig inte så ensam längre. Nu är det plötsligt okej att Peter kommer sent, då hinner hon chatta ett par timmar, utan att han märker något. → 9

Efter sin första dicpic i ett privat meddelande, blockerar hon alla män. De män som kontaktat henne för att de ”vill hitta på något tillsammans” har det varje gång betytt att de bara vill träffa henne, för mysiga stunder … Hon vill abslout inte flörta med okända män på nätet och hon är INTE ute efter ett sådant äventyr!

 GRAMMATIK 9

adjektiv obestämd och bestämd form

Adjektiv kan vara både obestämda och bestämda. De obestämda anpassar sig till vilket substantiv de beskriver: en, ett eller plural. De bestämda får -a i alla former. Kolla i tabellen så ser du hur! Det som kan vara lite klurigt, är att veta när man ska använda obestämd och när man ska använda bestämd form.

obestämd form		
en lång kväll	ett lång**t** brev	två lång**a** flätor
Kvällen är lång.	Brevet är lång**t**.	Flätorna är lång**a**.
bestämd form		
den lång**a** kvällen	det lång**a** brevet	de lång**a** flätorna

Bestämd form behöver du när det förekommer ett possessivt pronomen eller en ägare med genitiv-s.

Ringa in om adjektivet står i bestämd eller obestämd form!

1. De bor i ett stort hus utanför Malmö. **B | OB**
2. Susanne kontaktade sina gamla vänner. **B | OB**
3. Susannes nya vänner gillade ABBA. **B | OB**
4. Det blev en lång arbetsdag för Peter. **B | OB**
5. Anni har två lugna och fina hästar. **B | OB.**

Efter ett tag lär Susanne känna Lucy. Lucy är lite yngre än Susanne men lika ABBA-tokig och de skrattar alltid jättemycket när de pratar med varandra på nätet! När Lucy föreslår att de ska ta tåget upp till Stockholm och gå på ABBA-museet tillsammans, börjar Susanne att planera. Äntligen ska hon få resa till Stockholm och gå på sina drömmars museum: ”Walk in, dance out”!

”Suzy!” hojtar Lucy i messenger-appen på Facebook. ”Har du kollat dina planer? När kan vi åka? Vi måste ju boka tågbiljetter och leta upp ett hotell!” Susanne har letat upp en helg i maj, då hon vet att Peter är på bilmässa i Holland. ”Är du säker på att din karl inte vill följa med?” frågar Lucy för sjuttielfte gången. ”Det här kommer ju att bli hur kul som helst! Jag fattar inte att han vill missa det, alltså!” Susanne förklarar än en gång för Lucy att Peter sagt att han fått nog av ABBA.

”Peter”, säger Susanne en kväll när de sitter framför TV:n och slötittar på ett underhållningsprogram. ”Den där helgen i maj, när du ska till Holland på bilmässa, då ska jag på klass-återträff i Ängelholm!” Susanne vet inte varför hon ljuger för Peter, men hon tycker att det låter så himla dumt att säga att hon ska träffa en kompis från nätet och att hon ska åka till Stockholm med henne. Att hon ska gå på ABBA-museet, skulle hon inte vilja berätta. Hon vet ju vad Peter tycker om ABBA, vid det här laget "Några av oss ska ses redan på fredag kväll och på lördag kommer de som bor längre bort. På kvällen blir det stor middag på Statt och om vi har tur kanske det blir dans!" Hon låter så övertygande att hon nästan tror på det själv. Peter nickar förstrött, och mumlar något som låter som "skoj" och "kul". Plötsligt tittar han på henne och säger förskräckt: "Men du har väl inte tänkt att bo på Statt hela helgen? Det är ju svindyrt!" Susanne börjar skratta och försäkrar honom om att hon ska sova hos Anna. "Hon har gott om plats sedan barnen flyttade ut", lägger hon till. Hon tänker på Annas vävstol och att det kanske skulle bli trångt att dela rum med den, men eftersom hon inte tänker åka till Ängelholm utan till Stockholm den helgen, spelar vävstolen ingen roll.

Susanne har lite dåligt samvete för att det går så lätt att ljuga för Peter, men glädjen över att det äntligen händer något kul, är större. Hon bokar ett tåg från Malmö på fredag eftermiddag. "Jag brukar alltid sluta tidigare på fredagar", förklarar hon för Lucy. "Det tar tre timmar till Linköping, och där kliver du på..." Lucy avbryter henne med vilda tjut. "JAA! Och då har jag redan med iskallt bubbel och så kan vi börja värma upp redan på tåget!" Susanne misstänker att det är förbjudet att dricka alkohol på svenska tåg, men det var så länge sedan hon reste så hon säger inget om saken. Hon vill inte förstöra Lucys goda humör. "Har du hittat något hotell än?" frågar hon istället.

"Nej, det har jag inte gjort än", erkänner Lucy. "Vi måste prata om hur dyrt det får bli. Hotell Hasselbacken, som ligger mittemot ABBA-museet, är hur dyrt som helst. Det har jag inte råd med... Men jag har bokat biljetter till museet, biljetter med köföreträde!" Susanne tänker på vad Peter sa om att bo på Statt, så hon tycker att det är en bra idé att leta efter något billigare. "Men jag vill verkligen inte bo på vandrarhem! Jag är för gammal för att dela dusch med skolelever på klassresa!"

Nästa gång de pratar med varandra har Susanne hittat ett annat hotell. "Det heter Pop House Hotel och det ligger i samma byggnad som ABBA-Museet! Närmare kan vi inte bo", ropar hon upphetsat. Lucy går in och tittar på nätet, och säger nedslaget: "Det är lika dyrt som Hasselbacken ju."

Ett par dagar senare, ringer Lucy upp igen och nu har hon goda nyheter! "Pappa swishade födelsedagspengar. I vanliga fall brukar han swisha 500 kronor, men han måtte ha tagit fel på nollorna för nu swishade han 5 000!" Susanne och Lucy jublar och bokar ett dubbelrum på Pop House Hotel med två enskilda sängar. "Det ska bli så himla kul!" säger Susanne. "Att åka till Stockholm, bo på hotell och gå på ABBA-museet är ju helt fantastiskt! Och att vi äntligen får ses på riktigt!" → 10

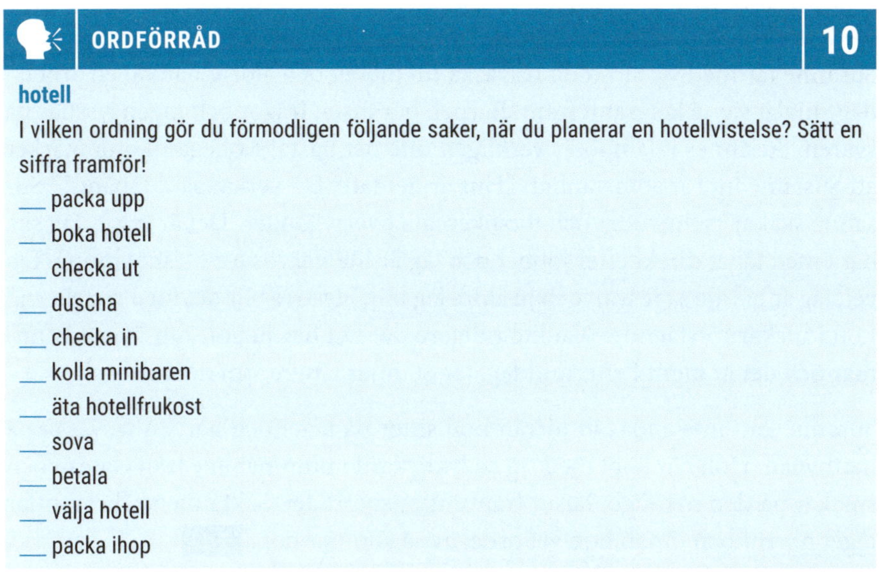

ORDFÖRRÅD **10**

hotell

I vilken ordning gör du förmodligen följande saker, när du planerar en hotellvistelse? Sätt en siffra framför!

__ packa upp
__ boka hotell
__ checka ut
__ duscha
__ checka in
__ kolla minibaren
__ äta hotellfrukost
__ sova
__ betala
__ välja hotell
__ packa ihop

Det är svårt för Susanne att inte försäga sig! Hon tänker nästan inte på något annat, än den där helgen i maj när hon ska åka till Stockholm. Hon funderar på hur de skulle ta sig från centralstationen till hotellet. Hon planerar vilka kläder hon ska packa. Hon hämtar upp sin lilla röda resväska från källaren, två veckor innan hon ska åka!

Till och med Peter märker att något är annorlunda. "Varför står resväskan i sovrummet, redan nu?" undrar han irriterat. "Din klassträff är ju inte förrän om två veckor. Så tidigt brukar du aldrig packa!" Vad ska hon svara på det? Hon kan ju inte säga som det är, att hon är så taggad på att äntligen få träffa sin internetkompis, att bo på hotell i Stockholm och dessutom snacka ABBA hela helgen! Så hon svarar inte alls, ler bara lite och flyttar in resväskan under sängen, så att Peter inte ska snubbla över den igen.

Peter är uppe tidigare än vanligt, den fredagen de ska resa. Markus hämtar upp honom tidigt, så att de ska komma i tid till mässan i Holland. Susanne ska ju jobba som vanligt, men är så uppspelt att hon inte kan sova. Hon tänker äta frukost med Peter. Eller åtminstone dricka kaffe, mer hinner de inte innan Markus tutar ute på gatan. Peter ger Susanne en puss på kinden. ”Ha så kul i Ängelholm!” ropar han över axeln, när han småspringer mot Markus bil. ”Ängelholm?” tänker Susanne, men så kommer hon i håg att det ju är där hon officiellt ska tillbringa helgen. ”Tack älskling!” ropar hon. ”Och lycka till på mässan!” Det sista hör han inte, för då sitter han redan brevid Markus i bilen och de försvinner runt kröken.

Susanne tar med sig sin röda resväska till jobbet och aldrig har väl en arbetsdag sniglat sig så långsamt fram! Barnen har tusen frågor och ingen lyssnar på svaren. Susannes tålamod är verkligen inte det bästa! Kollegan Lotta märker att Susanne inte är som vanligt. ”Hur är det fatt? Du verkar så … spänd?” Susanne skakar på huvudet och försöker låta övertygande: ”Det är inget. Jag ska bara med tåget direkt efter jobbet och jag är lite nervös för att inte hinna. Du vet, jag är ju inte så resvan och ju äldre jag blir, ju värre blir det med resfebern.” Lotta nickar förstående. ”Gå lite tidigare då! Du har ju gott om övertidstimmar och det är lugnt i eftermiddag. Jag stannar längre, om det behövs!”

Susanne kan inte andas ut förrän hon sitter på tåget och har sin resväska på hatthyllan. Hon har köpt med sig en lyxig kardemummabulle från Gateau och smakar på den när tåget far ut från stationsområdet. Sakta men säkert tuffar tåget norrut och innan hon vet ordet av så somnar hon. → 11

GEOGRAFI **11**

Malmö – Stockholm

Det är enkelt att göra en tågresa med SJ mellan Malmö och Stockholm! Det tar bara fyra timmar och tåget går direkt. Det betyder att det inte är några byten alls. Man passerar Lund, Hässleholm, Älmhult, Alvesta, Nässjö, Linköping och Norrköping innan man kommer fram till Stockholm.

Vet du förresten vad SJ betyder?

Efter ett par timmar vaknar hon till och ser sig yrvaket omkring. Har de redan passerat Linköping?! Nej, det verkar vara en halvtimme kvar. Hon tar upp fickspegeln och sätter på lite läppstift. Hon ler prövande mot sig själv och torkar bort lite läppstift från tänderna. Hon tar upp en flaska mineralvatten med päronsmak, som hon också köpte på stationen i Malmö. Hon skruvar av korken och tar sig en slurk. Drycken är ljummen och smakar inte alls så gott som hon hade tänkt. Men, men, den släcker törsten i alla fall, hinner hon tänka innan tåget rullar in på stationen i Linköping.

Susanne får syn på Lucy redan på perrongen och vinkar med båda händerna och knackar på fönsterrutan. Lucy har en hatt med en stor rosa rosett på och en gul kappa. Susanne hinner tänka att hon inte kommer att synas alls, bredvid den färgsprakande Lucy, innan Lucy stormar in i tågvagnen. "Suzy! Hallå Suzy!" ropar hon. "Där är du ju – äntligen!!" Hon släpper helt sonika sin väska på golvet och böjer sig ner för att krama om Susanne, som fortfarande sitter ner. Hon känner sig plötsligt väldigt tråkig och undrar om det verkligen var en bra idé, det här med att tillbringa en helg med Lucy, som hon ju inte känner alls. Hon ser ner på sina nya mörkblå supertråkiga jeans. Och den randiga t-shirt i blått och vitt, som kändes fräsch och fin i morse, är nog också i tråkigaste laget.

Lucy märker inte att Susanne är fundersam, utan stuvar in sin väska mellan sätena och sätter sig på sin plats mittemot Susanne. Hon ser uppfodrande på henne och säger: "Nu börjar det roliga, Suzy!" Hon smugglar försiktigt upp en liten flaska bubbel invirad i alminiumfolie ur handväskan och två kaffemuggar. Hon skruvar av locken på kaffemuggarna och häller upp. Hon räcker den ena till Susanne, höjer sin egen mugg och säger: "Skål för oss! För ABBA!" Hon puffar sin mugg mot Susannes, tar en slurk bubbel och lägger till: "Och så skål för pappa som inte kan räkna, så att jag har råd med Pop House-hotellet!" Lucy dricker en klunk till. "Vad vill du skåla för?" Susanne dricker lite ur kaffemuggen och rycker på axlarna, för att visa att hon inte vet.

Men så höjer Susanne sin kaffemugg och säger lite extra högt: "Jag skålar för att vi äntligen ses på riktigt!" Och isen är bruten! Susanne tycker lika mycket om Lucy i verkligheten som hon gjorde på nätet. Det känns som om de varit vänner i evigheter. "Det har vi ju också!" säger Lucy, "vi har ju bara inte setts förut!" Det är inte mycket i en liten flaska bubbel, så den har de snabbt tömt.

När de kommer fram till centralstationen i Stockholm, föreslår Lucy att de ska ta en drink på en bar innan de tar sig till hotellet på Djurgården. "Folkbaren, kanske?" säger Lucy medan hon letar efter en karta i mobilen. "Dit kan vi gå, tror jag", lägger hon till. Susanne står kvar på perrongen och ser sig omkring. "Äntligen i Stockholm!" säger hon till sig själv. "Va?" säger Lucy. "Vad sa du? Blir Folkbaren bra?" Susanne vill bara stå kvar på centralplan och se på alla små butiker, titta på alla människor som strömmar förbi och höra högtalarrösten som säger att tåget till Göteborg är försenat.

Hon ser på Lucys färgstarka uppenbarelse och undrar om det här är en så himla bra idé ändå. Hon känner sig beige och tråkig när hon svarar." Ska vi inte gå till hotellet och checka in och ställa av väskorna först? Och så kan vi gå ut sedan?"

Lucy gillar inte Susannes förslag utan bestämmer att hennes eget är mycket bättre, så där går de med resväskorna efter sig till Folkbaren på Hornsgatan. Det är inte alls så nära som hon trodde, när hon tittade på kartan då de stod utanför den stora vita byggnaden som är Stockholms centralstation. De går fel en gång, men efter en dryg halvtimme är de framme. Klockan är redan över nio på kvällen och Susanne hade verkligen velat sova. Hon känner sig som en tråkig tant, Lucy däremot är på topphumör!

"Varsitt glas cava, ska vi ha!" säger Lucy och ger sig i väg för att fixa fram det. Susanne tycker att det är ett alldeles för fint ställe och känner sig obekväm i jeans och randig t-shirt. Dessutom är hon nervös för att någon ska klaga på att de har med sig sina resväskor in i restaurangen. Lucy avbryter Susannes tankar. "Hallå, Suzy, här kommer jag med ostron!" Innan Susanne vet ordet av har Lucy redan beställt mer cava och hon förstår att de kommer att bli kvar där en stund…

Vid elva-tiden är Lucy inte bara salongsberusad, utan full. Susanne släpar med henne ut i friska luften på Hornsgatan och hoppas att hon ska nyktra till. Men Lucy sätter sig bara ner på sin resväska och ser olycklig ut. "Jag mår illa …" säger hon och håller handen för munnen. Susanne googlar fram att det skulle ta en timme att gå till hotellet, men bara en kvart med taxi. Hon bestämmer sig för att det är viktigast att få med sig Lucy och resväskorna till hotellet, innan det händer en olycka. → 12

Lucy somnar direkt i taxin, men Susanne ser förtjust på staden genom bilfönstret. Det är så mycket vatten överallt! Hon tänker på att om de åkt lite tidigare, så hade kvällsljuset fått Mälarens vatten att glittra och hon hoppas att hon ska få se det en annan kväll istället. Men det är spännande att resa genom stan tycker hon och resan är alldeles för kort.

När de checkat in, hoppar Susanne in i duschen, men Lucy går och lägger sig med kläderna på. När Susanne kommer ut från duschen, snarkar Lucy högljutt. Susanne letar fram en flaska mineralvatten ur minibaren, öppnar dörren till den franska balkongen, drar fram en stol och sätter sig. Hon lägger upp fötterna på räcket och tänker tillbaka på den tiden man fick röka inomhus. "Det var längesedan jag slutade röka", mumlar hon, "men nu skulle det ha sut-

 ORDFÖRRÅD 12

synonymer

Det finns många ord och uttryck för att vara berusad – kolla i ordmolnet, så lär du dig några till!

på pickalurven
rund under fötterna
dyngrak
på kanelen
packad
påstruken
på örat
lummig
bladig
på snusen
på lyset
stupfull
påverkad
redlös

tit perfekt med en cigg!" Hon är lite besviken på att Lucy gjorde slut på all sin energi på Folkbaren. Det hade varit kul att ha någon att prata med nu.

Nästa morgon vaknar Susanne utan väckarklocka. Hon är sugen på hotellfrukost och förväntansfull inför museumsbesöket! "God morgon, Lucy! " säger hon överdrivet glatt. Lucy sover vidare. Efter en kvart försöker Susanne väcka Lucy igen. "Vill du duscha innan frukost?" säger hon och känner sig som när Anni och Mia var tonåringar."Jag skiter i frukosten och sover en timme till, innan vi går till museet", mumlar Lucy.

Susanne njuter av hotellfrukosten. Hon dricker kaffe och äter färskt bröd med Kvibille ädelost. Till sin andra kopp kaffe äter hon en liten croissant och ett kokt ägg med kaviar. Hon läser Dagens Nyheter och när hon är klar med den tar hon Svenska Dagbladet. Efter en timme har hon inte bara läst två dagstidningar och druckit apelsinjuice och tre koppar kaffe, hon har också ätit en kanelbulle. Hon tycker synd om Lucy, som missat den goda frukosten när hon går tillbaka till rummet. → 13

Lucy sover fortfarande. Hon ligger på rygg och munnen är öppen. Hon rycker till när Susanne klappar henne försiktigt på armen. "Lucy, kom igen nu – annars missar vi vår tid! Biljetterna till museet har vi ju redan." Lucy grymtar till och sätter sig upp. Hon stirrar på Susanne, som om hon aldrig hade sett henne förut. Efter ett par sekunder, nickar hon och reser sig svajigt upp. "Jag ska bara duscha först. Vänta på mig där nere, så kommer jag." → 14

 FAKTA 13

svensk frukost

För de allra flesta är det nog ganska stor skillnad på en vanlig frukost hemma och en hotellfrukost.

Hemma är det många som äter mackor med ost eller köttpålägg, en tallrik filmjölk med flingor eller kanske en tallrik gröt med äpplemos. De flesta dricker kaffe eller te till.

På hotell däremot, blir man besviken om det inte bjuds flera olika sorters bröd, gärna färska frallor och croissanter. Ägg, hårdkokta och löskokta, med en tub Kalles kaviar till är det många som gillar, men en del vill hellre ha stekt ägg med bacon eller kanske en omelett med en stuvning. En färsk fruktsallad till filmjölken eller yoghurten är ett plus i kanten. Om det är barn med på hotellet, brukar de gilla om det serveras våfflor eller pannkakor också. Kaffe, olika sorters te och juicer finns också alltid att tillgå.

 GRAMMATIK 14

imperativ

Imperativ är den verbform du behöver när du uppmanar någon att göra något. Susanne säger "Kom igen!" till Lucy. Hon skulle också ha kunnat säga "Skynda dig!" Båda verben är imperativ. Verben från verbgrupp 1, har bokstaven a i alla former, så även i imperativformen. Imperativ av alla andra verb slutar så att säga innan bokstaven a. Kolla här!

	infinitiv	presens	imperativ
1	skynda	skyndar	Skynda!
2a	stänga	stänger	Stäng!
2b	klippa	klipper	Klipp!
3	tro	tror	Tro!
4	komma	kommer	Kom!
4*	lägga	lägger	Lägg!

Det blir lätt som en plätt att göra imperativ, om man tar omvägen via presens. Är ändelsen -ar i presens? Då blir det a i imperativet också. Finns det inget a i presens? Då behövs det inget i imperativ heller!

Gör imperativ av verben i meningarna!

1. ____________ soporna! Det stinker ju här. (slänga)
2. ____________ inte här! Det är förbjudet. (röka)
3. ____________ i näsduken, för jösse namn! (nysa)
4. ____________ dig! Du är ju jättesmutsig. (tvätta)
5. ____________ ett par byxor istället! De kommer att sitta perfekt. (sy)
6. ____________ inte så mycket alkohol! Du kommer att bli full som ett ägg. (dricka)

Efter en halvtimme tröttnar Susanne på att vänta på Lucy och går ensam till museet. "Skit-Lucy," muttrar hon, "hon har säkert somnat om." I går kväll var hon besviken på Lucy, men nu är hon arg! Hon glömmer alldeles bort att vara osäker och känna sig ensam, så som hon brukar när hon är utan sällskap. Nu är hon bara trött på Lucy och bestämmer sig för att ha en bra dag alldeles själv!

Susanne tar god tid på sig och njuter av att inte behöva anpassa sig efter någon annan. Hon tittar på alla scenkläder, studerar noggrannt Polarstudion och läser alla skyltar, sjunger med så fort tillfälle bjuds och känner sig som del i en gigantisk ABBA-fanclub. När hon kommer till den röda telefonen, den där som alla ABBA-medlemmarna har direktnummer till, funderar hon på vem av de fyra hon helst skulle vilja prata med. Men hon kommer att tänka på Peter, honom skulle hon gärna vilja prata med! Hon tycker inte att det känns bra att han tror att hon är på klassträff i Ängelholm, när hon egentligen är i Stockholm.

Efter ett par timmar, kommer hon på att Lucy inte dykt upp. Susanne skickar ett kort meddelande: "Är du okej?" Lucy svarar inte. Susanne rycker på axlarna och går in i souvenirshoppen. "Jag vill att Peter ska veta vem jag verkligen är och vad jag gör", tänker hon. Hon bestämmer sig för att berätta för Peter vad hon gjort i helgen, så fort hon kommer hem. Det är ett bra beslut, det känns i hela kroppen! Nu kan hon köpa souvenirer: ett par ABBA-strumpor i gult och blått till Peter, varsin liten vit Dancing-Queen-necessär till Mia och Anni. Hon unnar sig själv ett silverhalsband med ABBA. Det är dyrt, men hon vill ha ett fint minne från sin egen resa, så det får bli det!

Istället för att gå tillbaka till hotellet, bestämmer hon sig för att gå ut på stan för att se om hon hittar något att äta. "Även om frukosten var god, kan man inte leva på den hela dagen", säger hon till sig själv. → 15

GEOGRAFI **15**

Djurgården

Stadsdelen Djurgården är en ö. Där finns inte bara ABBA-museet utan även konstmuseet Waldemarsudde och det kulturhistoriska museet Nordiska museet. Det finns dessutom stora parkområden och intressant bebyggelse. Du kan till exempel se Villa Solbacken, där bor prins Carl Philip med sin familj. Du kan även besöka friluftsmuseet Skansen och gå på nöjesparken Gröna Lund.

Hon går utmed vattnet på Djurgården in mot stan. Solen skiner och vattnet glittrar i solen precis så som hon hade tänkt att det skulle göra. Ett par måsar flyger över hennes huvud. Det är många som är ute och promenerar i det fina vädret. Precis vid bron, den som går in till fastlandet, finns det ett café på vänster sida, "Sjöcaféet, Djurgårdsbron" läser hon på fönstren. "Det ser bra ut", tänker hon. Framförallt att det är lätt att hitta tillbaka till hotellet härifrån, gör att Susanne bestämmer sig för att gå in där och se vad det finns att äta.

Susanne bestämmer sig för en Toast Skagen och dricker ett glas vitt vin till. Räkröran är krämig och vinet är så kallt att det blir imma på glaset. Hon kan just hejda sig från att lägga upp fötterna på den tomma stolen mitt emot. Hon kom på i tid att det inte är något man gör på restaurang. Fötterna känns svullna och hon är trött, men mycket nöjd med sin dag! Efter vinet tar hon en kopp kaffe och en portion paj med vaniljsås. När hon har ätit klart, tar hon upp mobilen för att se om Lucy har hört av sig. Det har hon inte, men Anni har skickat en massa bilder från en hopptävling. Hon ser glad ut, så det har nog gått bra. Susanne skickar en tummen upp och ett rött hjärta. "Bra jobbat, gumman!" → 16

FAKTA **16**

Toast Skagen

Skagen ligger i norra Danmark, men där kommer du definitivt inte att hitta någon Toast Skagen på menyn! Det här är en klassisk svensk förrätt, uppfunnen av den kände kocken Tore Wretman på 50-talet. Det finns förmodligen lika många varianter av den som det finns restauranger som erbjuder den, men grunden är en majonnäsröra med räkor på vitt bröd. Röran toppas med löjrom, en dillkvist och kanske lite citron. Enkelt och gott, alltså en perfekt förrätt!

Efter påtår och en liten likör, går Susanne sakta tillbaka till hotellet. Kvällen är ljum och hon märker till sin egen förvåning att hon inte alls är ledsen för att Lucy tydligen fick andra planer. Hon gillar att vara i sitt eget sällskap! Hon stannar och sätter sig på en bänk vid vattnet. Hon ser båtarna guppa förbi och tänker att det skulle kunna vara en trevlig utflykt i morgon, att ta en båt någonstans. → 17

 ORDFÖRRÅD 17

Sången "Sakta vi gå genom stan" Monica Zetterlund

Ringa in alla adjektiv!

Åh det är skönt när mitt Stockholm är grönt
Sakta gå hem genom stan
En kyss sen går man sakta igen
Sakta en tur genom stan

Åh det är natt och på avstånd hörs skratt
Och man går hem genom stan
En doft av hö från nån ljuv skärgårdsö
Smyger sig tyst intill stan

Precis som din arm så lätt och så varm
Känns sommarens vind mot min kind
Och natten står still den finns inte till
En tystnad en skugga en vind

Den är så kort och den glider tyst bort
När trastarna vakna i stan
Klockan är två hela himlen är blå
Sakta vi går genom stan

Sakta hitåt ror en man i en båt
Stannar och ser på en svan
Allt är tyst och jag tiger nyss kysst
Sakta vi går genom stan

På Västerbron i den himmelska ron
En spårvagn går ensam och tom
Alla hus målar natten i ljus
Hemligt går träden i blom

Här bor en miljon
Säg hör de den ton som Stockholm spelar för dem
De far härifrån långt bort härifrån
Men Stockholm det är ju vårt hem

Vart vi än går vet jag att Stockholm är vår
När vi går hem genom stan
Här går vi med en tyst melodi
Ensamma i hela stan

Så stannar vi till vid fåglarnas drill
Vi känner en doft av viol
Och glada vi hör en jublande kör
Då stiger en gnistrande sol

Åh det är skönt när mitt Stockholm är grönt
Sakta en natt då i stan
En kyss sen börja vandra igen
Sakta gå hem genom stan
Sakta gå hem genom stan
Sakta gå hem genom stan

Tips: Leta upp sången på spotify eller på youtube och njut av Beppe Wolger svenska text till Fred E. Ahlerts melodi.

När hon kommer tillbaka till hotellrummet är Lucy är borta. Susanne ringer Lucys mobil, men den ringer i Lucys vidöppna resväska som ligger på golvet. Det ser ut som om den har exploderat. Susanne böjer sig ner för att slänga tillbaka Lucys kläder i väskan, men hejdar sig, när hon håller en klarblå BH i handen. ”Nej, jag är varken hennes mamma eller hennes hembiträde. Den får allt ligga där den ligger!” → 18

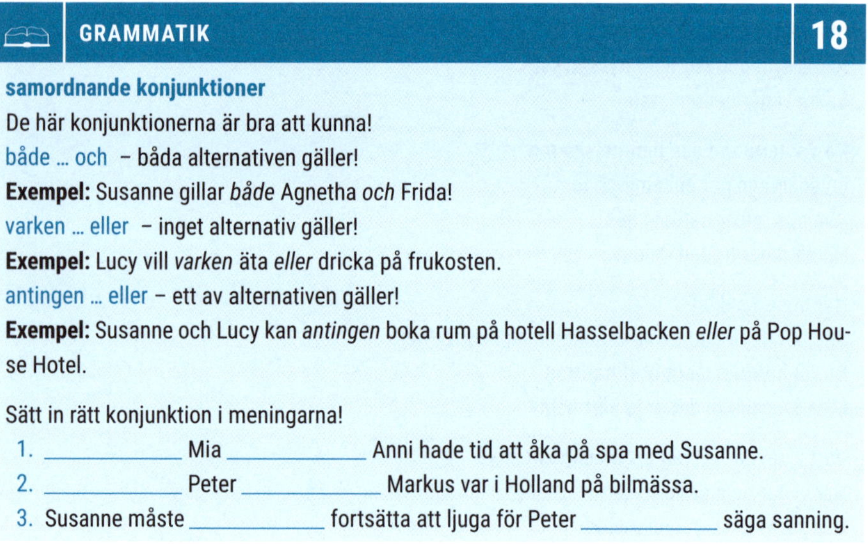

GRAMMATIK 18

samordnande konjunktioner

De här konjunktionerna är bra att kunna!

både ... och – båda alternativen gäller!

Exempel: Susanne gillar *både* Agnetha *och* Frida!

varken ... eller – inget alternativ gäller!

Exempel: Lucy vill *varken* äta *eller* dricka på frukosten.

antingen ... eller – ett av alternativen gäller!

Exempel: Susanne och Lucy kan *antingen* boka rum på hotell Hasselbacken *eller* på Pop House Hotel.

Sätt in rätt konjunktion i meningarna!

1. ___________ Mia ___________ Anni hade tid att åka på spa med Susanne.
2. ___________ Peter ___________ Markus var i Holland på bilmässa.
3. Susanne måste ___________ fortsätta att ljuga för Peter ___________ säga sanning.

Susanne har inte sett röken av Lucy sedan i morse. Hon funderar på vad hon ska göra. Borde hon ringa polisen, kanske? Nej, det verkar överdrivet. Så länge har hon ju inte varit borta och det finns ingen anledning att vara orolig. Susanne tycker att hon varit dum, som inte fattade att Lucy hade andra intressen än ABBA, när hon var i Stockholm. Hänga på barer, dricka cava och flörta, till exempel. Men det hade hon inte sagt ett ord om till Susanne under all den tid de chattat och planerat! "Men å andra sidan sa hon att vi skulle ha riktigt skoj tillsammans", tänker Susanne. "Det var bara det att vi hade olika idéer om vad det betyder!" Hon tar upp en påse ostbågar ur väskan, sätter sig vid den franska balkongen och tittar på utsikten. Men efter en liten stund, känner hon hur trött hon är, så hon går och lägger sig istället och somnar meddetsamma.

Mitt i natten vaknar hon av ett brak. Det är Lucy som ramlar in i hotellrummet. Hon somnar direkt på golvet, precis innanför dörren. Susanne bryr sig inte om att få henne till sängen utan lägger bara en filt över henne och går tillbaka till sin egen säng och somnar om.

På söndagmorgonen ser Susanne att Lucy har krypit upp i sin säng. Hon sover djupt. Susanne bryr sig inte om att försöka väcka henne, utan går ensam ner till frukostmatsalen.

Frukosten smakar lika bra idag som i går, tycker Susanne och just som hon tagit påtår, kommer Lucy fram till hennes bord. "Får jag sitta med dig?" undrar hon. Hon ler osäkert. Susanne nickar och ler tillbaka. Hon märker att hon varken är besviken eller arg på Lucy. "Varsågod !" säger hon uppmuntrande. Lucy drar ut en stol och sätter sig på yttersta kanten. "Jo, du Suzy" börjar hon, "det är en sak, som jag måste säga till dig, alltså...". Susanne sätter ner sin kaffekopp och tittar uppmuntrande på henne. Lucy tittar ner i bordet och mumlar: "Förlåt, den här helgen blev inte så som vi hade tänkt. Och det är mitt fel, det var dumt av mig att dricka så mycket i fredags. Och sedan kunde jag liksom inte sluta, eftersom det redan hade blivit så dumt och så fortsatte jag att dricka med folk jag träffade på en annan bar igår eftermiddag. Och nu, nu har jag inte varit med på något av det vi sa att vi skulle göra tillsammans i Stockholm, du och jag. Och nu är jag pank, så du måste betala hotellet. Och jag skäms så himla mycket!" Lucy börjar gråta. → 19

"Men, lilla gumman!" säger Susanne, precis så som hon brukade säga till sina barn. "Så tråkigt för dig! Men du har faktiskt lärt mig något viktigt: Jag klarar mig jättebra i Stockholm utan hjälp! Och jag upptäckte att jag verkligen gillar att göra saker ensam." Och så tänker hon, att hon under helgen kommit på att

ORDFÖRRÅD **19**

synonymer

Vilka ord i ordmolnet betyder att man inte har några pengar kvar?

utfattig ruinerad besutten

barskrapad black förmögen

ebb i kassan bankrutt

välbärgad

hon inte vill ljuga för Peter någon mer gång utan på allvar tala om för honom vad som är viktigt för henne. ”Ät frukost nu och sedan checkar vi ut. Jag har fortfarande pengar på mitt konto, ser du.” Lucy tittar upp och blinkar bort tårarna. ”Och sedan ser vi till att se lite mer av stan innan vi tar tåget hem ikväll! Har du lust gå på Nationalmuseet eller kanske hellre Fotografiska? Vi hinner nog inte med någon båttur, innan tåget går, tyvärr.”

Susy och Lucy har en fin dag tillsammans innan de tar tåget hem. När Lucy hoppar av i Linköping, har tårarna torkat för länge sedan och hon lovar dyrt och heligt att swisha Susanne de pengar hon har lagt ut för henne. Susanne nickar, men tänker att det inte spelar någon roll egentligen. Det blev en alldeles för dyr helg, det blev det, men hon lärde sig en del om sig själv, så det var det värt!

Strax efter Linköping tar Susanne upp telefonen och ringer till Peter. Hon vill inte vänta med att tala sanning, utan vill börja med det på direkten. ”Hej älskling!” börjar hon när han svarar redan efter andra signalen. ”Jag har precis passerat Linköping och är hemma ungefär om tre timmar. Har du lust att hämta mig på stationen?” ”Linköping? Har du gått på fel tåg? Tåget mellan Ängelholm och Malmö går definitivt inte genom Linköping!” Susanne drar in luft genom näsan, släpper ut den genom munnen, precis som hon lärde sig på kursen om stressreduktion förra året. ”Nej, just det. Det är en del vi skulle behöva prata om, du och jag… Men det tar vi när vi ses, nu vill jag vila lite! Vi ses om tre timmar!” Så, nu har hon startat ett samtal med sin man. Nu kan resan mot ett ärligare liv tillsammans börja!

GLOSLISTA

en gillestug/a, -or	Partykeller
en veckotidning, -ar	Illustrierte
vara förtjust i	entzückt sein von
en låt, -ar	Lied
tyvärr	leider
(en) havregrynsgröt	Haferbrei
besviken	enttäuscht
ett misstag, –	Irrtum
en barnvakt, -er	Babysitter/-in
en ung/e, -ar	Blage
en sovmorg/on, -nar	ausschlafen können
flytta, -r, -de, -t hemifrån	von zu Hause ausziehen
hutlös	schamlos, unverschämt
en vävstol, -ar	Webstuhl
en heminredning, -ar	Wohnungs-einrichtung
en sambo, -r	Lebensgefährte
en potträning, -ar	Sauberkeitserziehung, Trockenwerden (bei Kleinkindern), *wörtl.:* Töpfchentraining
en skilsmäss/a, -or	Scheidung
nuförtiden	heutzutage
hörlurar (plural)	Kopfhörer
vara sugen på	etwas unbedingt wollen
slötitta, -r, -de, -t	schauen ohne großes Interesse
ljug/a, -er, ljög, -it	lügen
förströdd	gedankenverloren
svindyr	sehr teuer
trång	eng
dåligt samvete	schlechtes Gewissen
ett tjut, –	Geheul
ett vandrarhem, –	Jugendherberge
swisha, -r, -de, -t	online bezahlen
för/säga, -säger, -sa, -sagt sig	sich verplappern
vara taggad	motiviert sein
snubbla, -r, -de, -t	stolpern
uppspelt	aufgedreht
en krök, -ar	Kurve
en hatthyll/a, -or	Hutablage
yrvaken	gerade aufgewacht
en fickspeg/el, -lar	Taschenspiegel
ljumm	lauwarm
en kapp/a, -or	Mantel
töm/ma, -mer, -de, -t	leeren
ett räcke, -n	Geländer
en tonåring, -ar	Jugendliche/-r zwischen 13 und 19 Jahren
tycka synd om	bedauern
somna, -r, -de, -t om	wieder einschlafen
njut/a, -er, njöt, njutit	genießen
dyk/a, -er, dök ,-t upp	auftauchen
en necessär, -er	Kulturbeutel
unna, -r, -de, -t sig	sich gönnen
ett minne, -n	Erinnerung
ett hembiträde, -n	Hausangestellte /-r
en filt, -ar	Wolldecke
kryp/a, -er, kröp, krupit	krabbeln
pank	ohne Geld sein
skäm/mas, –, des, -ts	sich schämen
en sanning, -ar	Wahrheit

Diskussionsfrågor

1. Vad är det Susanne längtar efter?
2. Varför är hennes gamla kompisar inte intresserade av att ”hitta på något”?
3. Hur borde hon göra för att övertyga Peter om att det är en bra idé att bjuda på fest?
4. Vad tror du att Susanne respektive Peter skulle vilja hitta på i London?
5. Varför är Mia och Anni inte intresserade av att åka på spa-helg med sin mamma?
6. Varför tror du att Susanne blir kompis med Lucy?
7. När borde Susanne ha förstått att hon och Lucy inte hade samma uppfattning om vad det betyder att ha skoj?
8. Hur kommer det sig att Susanne inte upptäckt att hon gillar att hitta på saker själv förut?
9. Varför är det en bra idé att berätta sanningen för Peter?
10. Hur tror du att Susannes och Peters äktenskap kommer att utvecklas?

HUNDPROMENAD MED FÖRHINDER

PERSONER

Molly, 14, bor med mamma Åsa och pappa Anders.
Nora, 14, bor med lillebror Nisse, varannan vecka hos mamma Linda, mammas kille Johan och deras barn småsyskonen Sara och Vera. Varannan vecka bor Nora och Nisse hos pappa Magnus, pappas fru Marie, fruns äldre barn Karl, Kent och Knut.
Viktor, 14, bor med storebror William, pappa Jonas, pappas kille Daniel och hunden Snobben.

Följ kompisarna Molly, Nora och Viktor en vanlig eftermiddag i november. Det är långt till jullovet men de gör sitt bästa för att ha lite kul under tiden!

”Jag dööör”, stönar Molly, ”höstlovet är precis slut och jag fattar inte hur vi ska stå ut till jullovet!” Nora och Viktor förstår precis vad hon menar. Mellan höstlovet i början av november och jullovet i slutet av december, är verkligen allt bara grått och tråkigt. ”Det är mörkt när man går upp och det är mörkt när man kommer hem”, säger Nora. ”Och så har vi säkert tusen prov innan jullovet också!” ropar Viktor. Han drar översidan av handen över pannan som om han torkade bort svett. Molly, Nora och Viktor går i åttan på högstadiet i Högalidskolan och är på väg hem. Det är den första måndagen efter lovet. Det blåser kallt och snön yr i luften. → 1

FAKTA **1**

grundskolan

Det är kommunerna som ansvarar för grundskolan. Det året barnen fyller sex år börjar de i augusti i förskoleklass. Årskurs ett till tre kallas för lågstadiet, fyra till sex mellanstadiet och sju till nio är högstadiet. Man har skolplikt tills man fyllt 16 år. Om man gått om någon klass kan skolplikten förlängas, men aldrig längre än tills man fyller 18 år. Skolåret tar slut i juni och då får alla svenska skolelever sommarlov.

Läs mer om grundskolans mål och riktlinjer på skolverkets hemsida: **www.skolverket.se/publikationsserier/styrdokument/2022/laroplan-for-grundskolan-forskoleklassen-och-fritidshemmet---lgr22**

”Högstadiet är straffet”, säger Nora. ”Inget är kul, bara en massa plugg och alla i klassen är idioter! När vi väl får börja på gymnasiet, då blir det nog bättre. Åtminstone får vi nya klasskompisar. Jag är säker på att de är coolare än de vi har nu.” Viktor stannar upp och ser förvirrad ut. ”Men tänk om vi inte hamnar i samma klass på gymnasiet? Vad gör vi då?” Molly tittar förvånat på honom. ”Det är väl klart vi gör! Vi väljer samma program, på samma gymnasium och så får vi gå ihop. Så enkelt är det, ser du, lille Viktor”. Viktor ser tveksam ut. Han minns tydligt att det inte var så för storebror William när han sökte till gymnasiet förra året. Han hade velat gå musikinriktningen på Stockholms estetiska gymnasium, men hamnade på det estetiska programmet på realgymnasiet istället. Nu hade det blivit riktigt bra för William på realgymnasiet, men hans bästa kompis Sigge hade inte kommit in på samma skola och det hade tagit ett tag innan William hittade nya kompisar och kände sig hemma. De nya kompisarna och William hade bildat ett band och till och med fått tag i en replokal, så Viktor såg inte till sin storebror så ofta längre.

Men Viktor vet av erfarenhet att det inte är någon idé att övertyga Molly om att hon har fel. Molly har nämligen inte fel. ”Till och med mellanstadiet var ju roligare än högstadiet!” suckar Nora. ”Och då trodde vi att högstadiet skulle vara ännu bättre, men åh vad fel vi hade!” hojtar Molly. ”Hänger ni med hem till mig? Vi kan koka varm choklad och göra läxorna.” Nora och Viktor är genast med på noterna och de traskar hem till Molly på Hornsbruksgatan. → 2

FAKTA **2**

gymnasieskolan

Ungdomar som slutat grundskolan kan frivilligt välja att gå gymnasieskolan i tre år. Det finns två sorters gymnasieutbildningar: de som förbereder för högre studier och de som är yrkesutbildningar. När ungdomarna är 19 år avslutar de sin gymnasieutbildning med att ta studenten.

Läs mer om gymnasieskolan på skolverkets hemsida: **www.skolverket.se/undervisning/gymnasieskolan**

Molly kokar varm choklad, Nora och Viktor plockar fram bröd, smör och ost. De är ofta hemma hos Molly på eftermiddagarna och de vet precis var allt finns. Efter chokladen och mackorna hämtar Viktor sin ryggsäck från hallen och plockar fram sitt pennfack. Han ser ut som om han verkligen tänker börja med läxorna. ”Men Viktor, kom igen!” säger Molly. ”Vi kan kolla på Netflix först innan mamma kommer hem. Det är bättre att vi sparar läxorna tills hon kommer. Hon blir på bättre humör om vi gör läxor än om vi streamar en serie och då kommer hon inte att tjata om att vi har ätit upp allt bröd nu igen”, säger Molly som känner sin mamma väldigt väl. Molly har inga syskon och bor med sina föräldrar Åsa och Anders i en trerumslägenhet. Molly, Nora och Viktor gör det bekvämt för sig i soffan och de bestämmer sig för att se samma Netflix-serie som de redan sett tusen gånger. Och minst åttahundra gånger har de sett den tillsammans i Mollys vardagsrum. → 3

Efter tre avsnitt får Nora nog. ”Jag blir deprimerad av att vi faktiskt kan alla replikerna! Det här är inte roligt längre.” Hon glider ner från soffan och hamnar på golvet. ”Då gör vi läxorna istället” säger Viktor glatt. Både Molly och Nora tittar irriterat på honom. ”Blir man mindre deprimerad av att plugga oregelbundna engelska verb?” undrar Molly. ”Eller läsa på till provet i historia? Blir någon enda människa glad av stormaktstiden?” undrar Nora. Viktor som egentligen gillar både oregelbundna verb och stormaktstiden, behöver en sekund för att samla sig. Han vet ju att tjejerna inte är lika förtjusta i att plugga

FAKTA 3

Netflixserier

Känner du till följande svenska Netflix-serier? Kombinera titel med handling!

1. Kärlek och anarki	a. homosexuell kärlek
2. Snabba cash	b. vänskap med dödlig utgång
3. Folk med ångest	c. Stockholms undre värld
4. Störst av allt	d. livet på ett litet bokförlag
5. Young Royals	e. gisslandrama i lägenhet

som han är, men han glömmer bort det ibland. När de gick på mellanstadiet, gjorde de alltid läxorna tillsammans. Och de tävlade om vem som var bäst på proven! Ibland saknar Viktor den tiden. Nu är det han som är bäst jämt, men det är inte lika roligt längre. Han brukar vara den enda som har gjort läxan och som har läst på till proven, så det är klart att han får bättre reslutat än tjejerna. → 4

”Jamen, då hittar vi på något”, säger Viktor svävande. ”Men vad?!” säger tjejerna som båda redan fått upp sina mobiler och är djupt försjunkna i sina skärmar. ”Vi är för unga för att gå på klubb och dansa, men för gamla för att gå på fritids – vi passar inte in någonstans!” sammanfattar Molly läget. Viktor säger inte att det ändå inte finns några klubbar som är öppna på onsdagseftermiddagar och försöker istället komma på något som kan få upp Molly från soffan och Nora från golvet. Och att det inte är läxläsningen, det har han förstått.

Han tittar ut genom fönstret. Det är fortfarande kallt och blåsigt. Det är inte läge att föreslå att de ska gå ut. Och vad skulle de ens göra utomhus i snögloppet? På sommaren kan man åtminstone bada, kanske träffa kompisar och det är kul att vara utomhus. Men han gör ett försök. ”Ska vi gå ut? Vi kan ju ta tunnelbanan till Kungsan och gå lite på stan?” → 5

Molly tittar upp från sin skärm. ”Nu? Nej, det är för sent.” Nora lägger till: ”Och för kallt!” Viktor börjar bli på dåligt humör. Ska de bara sitta där och inte vilja hitta på något alls, då kan han lika gärna gå hem, tänker han. ”Nora, kan vi inte gå hem till dig en stund istället?” säger Molly. ”Har du mamma-vecka eller pappa-vecka förresten?”

 GRAMMATIK **4**

verb preteritum / presens perfekt

När man pratar om något som hände i förfluten tid, till exempel på mellanstadiet, måste man använda preteritum.

Presens perfekt använder man när man pratar om något som började före nu och fortsätter nu, till exempel att göra läxor och läsa på till proven.

Kolla här!
"Vad har du gjort **idag**?" ⇨ "Jag har bäddat rent i sängen."
"När gjorde du det?" ⇨ "Jag bäddade rent **imorse**."

Idag är ett tidsadverb i nutid, idag håller fortfarande på, alltså väljer du verbformen presens perfekt.
Igår är ett tidsadverb i dåtid, alltså väljer du verbformen preteritum.

Öva här!

1. "Jag har pratat med mamma i telefon."
   "När gjorde du det?"
   "Jag ___________ med henne igår."
2. "Har du väckt barnen?"
   "Ja, jag ___________ dem för en kvart sedan."
3. "Drack du kaffe med grannen i tisdags?"
   "Ja, jag ___________ kaffe med grannen varje dag denna veckan. Hon är sjukskriven och behöver lite sällskap!"

 GEOGRAFI **5**

Kungsträdgården

Parken Kungsträdgården som ofta kallas Kungsan ligger på Norrmalm och är en av stadens äldsta parker. Förr var den en kunglig park, som bara hovet fick använda. Sedan 1971 ägs den av Stockholms kommun och drivs av kulturförvaltningen. De organiserar olika evenemang året runt, till exempel konserter och uppträdanden. På vintern kan man åka skridskor där och på våren promenera under de rosa blommande körsbärsträden.

Det finns två statyer i parken. Den ena statyn föreställer kung Karl XII och den andra Karl XIII. Däremellan ligger Molins fontän. Karl XII levde mellan 1682 till 1718 och blev kung redan 1697. Karl XII föddes 1748 och dog 1818. Då hade han bara varit kung i nio år. Fontänen är uppkallad efter den svenska skulptören Johan Peter Molin, född 1814, död 1873.

Läs mer här: **www.kungstradgarden.stockholm**. Du kan också följa Kungsträdgården på Facebook.

”Mamma-vecka och hon blir galen om jag tar hem fler än en kompis. Sedan Vera föddes är det så grymt trångt hemma. Hon är ju söt och så, men hon har så himla mycket grejer!” Nora ser lite ledsen ut. ”Jag delar ju redan rum med Nisse och Sara. Och hos pappa delar jag också rum med Nisse. Jag har inget privatliv överhuvudtaget i vår bonusfamilj. Det är hopplöst!” Viktor försöker trösta henne. ”Men Nora, det är mysigt både hemma hos din mamma och din pappa. Ja, det är mycket folk, men det är kul. Och alla är schyssta!” Nora nickar och ser lite gladare ut. → 6

ORDFÖRRÅD 6

familjebegrepp

Känner du till de här familjebegreppen?

- bonusfamilj eller ombildad familj – en familj där flera av medlemmarna varken är släkt eller på annat sätt är juridiskt sammanbundna.
- enförälderfamilj – en familj där en förälder lever med ett eller flera egna barn
- kärnfamilj – ett par lever tillsammans med sitt eller sina gemensamma barn
- regnbågsfamilj – en familj där en eller flera av föräldrarna är hbtq+
- stjärnfamilj – alla familjer som inte är kärnfamiljer, kan kalla sig för stjärnfamiljer!

Tips: Netflixserien Bonusfamiljen är väldigt rolig!

”Jag har i alla fall eget rum”, säger Molly. ”Men det är inte så himla kul att vara ensambarn heller ska ni veta.” Hon lägger ner telefonen och fortsätter: ”Ibland tänker jag att det hade varit lättare om mamma och pappa hade haft någon mer unge att fundera på än bara mig. De frågar om allt, alltid! De glömmer aldrig bort om jag har sagt något som jag inte gillar. Om jag ändrar mig, så ska det frågas och frågas och varför och varför inte och det tar aldrig slut!” Molly suckar. ”Men du får ju rätt mycket grejer”, säger Nora försiktigt. ”Du behöver ju aldrig dela med någon, liksom.” Molly blänger argt på Nora. ”Menar du att jag är bortskämd och får allt jag pekar på?” Hon tystnar och tänker på sin senaste födelsedag, och alla paketen som hennes mamma och pappa kom in med till henne på morgonen. ”Jo, förresten, det har du nog rätt i. Jag får himla mycket grejer, det får jag. Men ibland måste jag vänta tills att det är min födelsedag!” Nora och Viktor skrattar. ”Ja, stackars lilla Molly!” säger Viktor med en nick in mot hennes rum som precis har blivit renoverat och fått nya möbler. ”Oj, vad länge du fick vänta på att få den där soffan ändå!” ”Och så sitter vi ändå i vardagsrummet”, skrattar Nora. ”Dina föräldrar trodde väl att de skulle få ha den här soffan i fred i fortsättningen!” → 7

ORDFÖRRÅD **7**

inredning

Placera möblerna i rätt rum – dra streck mellan möbel och rum! Du kan förstås ha möblerna i vilket rum du vill, men här tänker vi på där de oftast är.

en säng	
ett matbord	**hall**
en fåtölj	
en skohylla	**sovrum**
ett nattygsbord	
en köksstol	**kök**
ett skrivbord	
ett badkar	**badrum**
en hatthylla	
en toalettstol	**vardagsrum**
en garderob	
en soffa	**arbetsrum**
ett kylskåp	
en bokhylla	

”Hemma hos oss, är det inte så värst mysigt längre”, säger Viktor. Viktor och William bor hos sin pappa och träffar sin mamma varannan helg. Viktors mamma bor i Uppsala och jobbar på universitetet där. Hon jobbar jättemycket men varannan helg tar hon alltid ledigt och de brukar hitta på roliga saker tillsammans när Viktor tar tåget till Uppsala. Viktor har alltid trivts både med att bo hemma hos pappa och att hälsa på mamma i Uppsala, men för ett par månader sedan flyttade pappas kille Daniel och hans hund Snobben in. Viktor är inte lika förtjust i Daniel som pappa är. William är inte hemma så mycket längre, så Viktor känner sig ofta ensam och lite utanför. ”Men din farsa och hans kille är ju superschyssta!” utbrister Molly. ”Och Snobben är supergullig!” säger Nora. ”Ja! Vi kan gå hem till dig och ta med oss Snobben på en promenad!” → 8

GEOGRAFI **8**

Uppsala

Uppsala är Sveriges fjärde största stad och ligger sju mil norr om Stockholm. Staden har ungefär 167 000 invånare. Uppsala är ett kyrkligt centrum sedan 1164 och här finns Sveriges ärkebiskop. Domkyrkan invigdes 1435 och är en av stadens sevärdheter.

Universitetet i Uppsala är Nordens äldsta och grundades 1477. Idag finns det cirka 24 000 helårsstudenter som studerar på de nio olika fakulteterna.

Uppsala har ofta förkommit i litteraturen, bland annat i August Strindbergs "Från Fjärdingen och Svartbäcken" men mer lästa är nog Gösta Knutssons barnböcker om katten Pelle Svanslös. Den första, "Pelle Svanslös på äventyr" kom ut 1939 och i den och alla de andra böckerna i serien får vi följa Pelle, Maja Gräddnos och den elaka katten Måns genom Uppsala.

Vet du förresten, hur många kilometer en svensk mil är?

Viktor påminner inte om att de hade tänkt göra läxorna tillsammans, nu när tjejerna äntligen vaknat till och verkar ha fått lust att hitta på något. Molly samlar raskt ihop sina saker från vardagsrummet och slänger in dem på soffan i sitt rum. Viktor och Nora stuvar ner sina i ryggsäckarna. När de alla tre står och buffar på varandra i hallen, för att få på sig skor och jackor, kommer Mollys mamma Åsa hem.

"Oj då!" utropar hon glatt. "Här var det trångt om saligheten!" Hon tar ett steg tillbaka ut i trapphuset för att låta ungdomarna ta den plats de behöver. "Hej Nora, hej Viktor! Är ni redan på väg hem, förresten? Klockan är ju inte mer än halv fem." Innan någon av dem hinner svara, ser Åsa att även Molly håller på att klä på sig ytterkläder. "Vart ska du, min unga dam?" säger hon och spänner ögonen i sin dotter. "Så vitt jag vet, så bor du här. Är läxorna klara? Och en helt vanlig onsdag, tror jag inte att du ska ut på äventyr!" Molly suckar, vänder ryggen åt sin mor och gör en grimas mot Nora och Viktor. "Vi ska bara ut med Snobben en sväng. Viktor måste gå ut med sin pappas nya killes hund och eftersom Viktor är mörkrädd, tänkte vi att vi följer med honom. Eller hur, Nora?" Hon blinkar frenetiskt åt Nora, som genast fattar galoppen och nickar. "Ja, just det. Molly och jag är ju ganska modiga av oss, så vi lovade lille Viktor att följa med honom på hundpromenaden!" Viktor får inte fram ett ord och hinner inte ens nicka innan Molly knuffat ut honom i trapphuset i den lucka som blev ledig när Åsa gick in i lägenheten. "Hej då, mamma!" ropar Molly. "Det blir inte sent. Jag är tillbaka till middagen!" → 9

ORDFÖRRÅD 9

måltider

Sätt ett lämpligt klockslag vid måltiderna! Observera att det naturligtvis inte är så att alla äter och fikar på exakt samma klockslag. En del kanske hoppar över ett par av de föreslagna måltiderna.

_______________ frukost
_______________ förmiddagsfika
_______________ elva-kaffe
_______________ lunch
_______________ mellanmål
_______________ eftermiddagsfika
_______________ middag
_______________ kvällsfika

Nora drar igen dörren med en smäll och de fnissar hysteriskt alla tre när de springer ner för trapporna. Innan de kommit ända ner, har Åsa hämtat sig så pass att hon öppnat dörren igen och ropar efter dem: ”Ni har väl reflexer?! Det är mörkt på kvällarna och jag vill inte veta av att ni springer omkring utomhus utan att synas.” Ingen av dem hinner svara innan Åsa ropar igen. ”Hörde ni det, ungar?” Alla tre håller på att bryta samman av skratt, men Molly ropar uppför trappan: ”Jadå, mamma. Vi HAR reflexer! Ses senare! Hej så länge!” → 10

FAKTA 10

reflexer

När det är mörkt ute är det viktigt att ha reflexer på sina kläder så att man syns. Det räcker inte att man är i stan och att det finns gatlyktor!

Tänk på att en bil som kör i stan med halvljuset på, upptäcker en fotgängare utan reflex först på 50 meters avstånd. Med reflex syns fotgängaren redan på 350 meters avstånd!
Om bilen har helljuset påslaget, är siffrorna 150 meter utan reflex och 600 meter med.

En reflex är en billig livförsäkring!
Här kan du köpa roliga reflexer: **www.funkelnimdunkeln.de**

När de kommit ner på gården, säger Viktor: ”Var det verkligen nödvändigt att säga att jag är mörkrädd? Och förresten stämmer det ju inte alls, att jag *måste* gå ut med hunden! Tänk om Åsa säger något om det när hon springer på pappa nästa gång." Molly klappar Viktor på huvudet. "Men Viktor, hon gick på det direkt, att du är mörkrädd! Och så lät det ju som om vi är extremt bra vänner, när vi följer med dig på din hundrunda. Och mamma tycker att det är superviktigt att ställa upp för varandra, så jag visste att hon inte skulle hålla mig hemma om jag ville ut för att hjälpa en kompis."

Hon skuttar glatt vidare och ropar över axeln. "Och när träffas min mamma och din pappa, egentligen? På nästa föräldramöte, kanske. Det är långt kvar dit! Tills dess hinner mamma glömma bort det där med hunden hundra gånger om!" → 11

GRAMMATIK 11

partikelverb

Ett partikelverb är ett verb med en partikel, det hörs ju liksom på namnet. Men vad betyder det? Partikeln kan förändra verbets betydelse eller göra det mer specifikt. Partikeln betonas alltid när det är ett partikelverb!

Kolla på ett par exempel ur texten:
hitta på ⇨ göra något spontant
gå ut ⇨ lämna bostaden
ställa upp för någon ⇨ finnas där för någon som behöver hjälp

Men om du sätter dit en annan partikel, betyder det något helt annat! Kolla här:
hitta ut ⇨ veta hur man ska ta sig ut
gå på ⇨ bli lurad
ställa in ⇨ avboka

Det tar inte mer än tio minuter att gå från Mollys hem till Viktors på Brännkyrkagatan. "Hallå?" ropar Viktor när han kommer in i tamburen tillsammans med Molly och Nora. "Hej!" hörs Viktors pappas röst från köket. "Tjena tjejer, är ni också hungriga?" lägger han till när ungdomarna kommer ut från tamburen direkt in i det öppna köket. "Maten är inte klar än, men jag slänger på lite extra pasta så räcker det till alla!"

"Vi käkade mackor hos Molly, vi är inte hungriga", säger Viktor. "Men vi tänkte ta med oss Snobben ut på en liten promenad. Han måste säkert kissa, eller?" Pappa Jonas ser förvirrad ut. Hitintills har Viktor aldrig frivilligt erbjudit sig att ta med Daniels hund ut. Men å andra sidan har han heller aldrig visat något intresse för promenader. ”Vänta lite nu, alltså”, säger Jonas och lägger i från sig kniven som han hackar tomater med. ”Ni vill ha med er hunden ut på en promenad? Varför det? Sedan när började ni ta promenader? Är ni 14 år eller är ni pensionärer?” Han rynkar pannan och ser uppriktigt förvånat från Viktor till Nora till Molly och sedan tillbaka igen. Viktor höjer på axlarna och gör en rörelse mot Molly och Nora. ”Ja, de gillar ju hundar och så … och då tänkte vi att …” Tjejerna nickar och Molly fyller i. ”Jo, mamma har sagt att jag kanske kan få en hund, men att jag först måste lära mig lite om hur det är och så. Och då tänkte vi att …” ”… att Molly kan börja öva på Snobben!” avslutar Nora.

Jonas skakar lätt på huvudet och återgår till att hacka tomater. ”Nu är Daniel redan ute med Snobben, så det blir ingen hundpromenad för er just nu. Ni kanske kan stanna och äta med oss, tjejer, så kan Molly prata med Daniel om att ha hund. Det är ju faktiskt hans hund. Men har ni helt slutat att träna, förresten? Förra terminen gick ni ju på karate tillsammans och innan dess var det judo, eller hur?” → 12

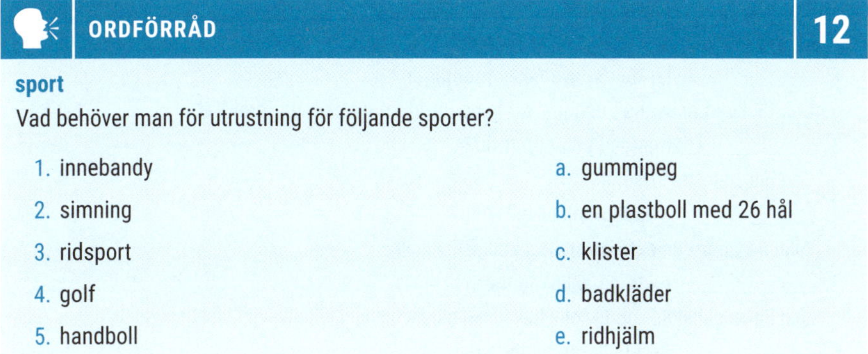

ORDFÖRRÅD **12**

sport

Vad behöver man för utrustning för följande sporter?

1. innebandy	a. gummipeg
2. simning	b. en plastboll med 26 hål
3. ridsport	c. klister
4. golf	d. badkläder
5. handboll	e. ridhjälm

Jonas plockar fram en lök och börjar skala den. ”Det kanske är dags att testa någon ny sport? Jag tycker inte att promenader låter åldersadekvat, om ni vill höra min åsikt.” Viktor suckar. ”Tack pappa, men nej tack. Det är ingen som vill höra din åsikt. Och om vi är ålderskvadeata eller inte, det ska du bara skita i!” Viktor rusar in i sitt rum och smäller igen dörren. Jonas tittar förvånat upp och säger reflexmässigt: ”Det heter faktiskt åldersadekvat …” innan han ser hur Molly och Nora springer efter in på Viktors rum. → 13

frågeord

Varför måste föräldrar fråga så mycket?!

Här är några vanlig frågeord som är bra att kunna!

Vad?	Vad heter du? Vad gör du? Vad åt du till frukost?
Var?	Var bor du? Var är mina nycklar?
Vart?	Vart ska du gå?
Varifrån?	Varifrån kommer du?
Hur?	Hur mår du? Hur ska det gå? Hur mycket är klockan?
När?	När måste du vara hemma? När börjar lektionen?
Varför?	Varför frågar föräldrar så mycket?
Vem?	Vem bor här? Vem kommer på festen?
Vilken?	Vilken macka vill du ha?
Vilket?	Vilket hus bor du i?
Vilka?	Vilka språk talar du?

Sätt in rätt frågeord!

1. ____________ äter vi lunch idag?
   Vi äter klockan tolv, precis som vanligt.
2. ____________ lär du dig svenska, egentligen?
   Min flickvän är svensk och jag vill kunna prata med hennes föräldrar.
3. ____________ många kusiner har du?
   Jag har bara tre kusiner.
4. ____________ klasskompisar gillar du?
   Alla! Jag går i en extremt trevlig klass.
5. ____________ hade du sällskap med?
   Jag hade sällskap med Molly hem från skolan.
6. ____________ är du allergisk mot?
   Jag är inte allergisk mot något, men jag är inte förtjust i fisk.
7. ____________ kommer de här jordgubbarna?
   De kommer från Spanien, tror jag.
8. ____________ hund tycker du är finast?
   Jag tycker att cockerspanielhundarna är sötast!
9. ____________ ska du fira jul i år?
   Jag firar jul med mina syskon i Småland.
10. ____________ verb tycker du är svårast?
    Jag tycker att det är svårt att lära mig verbet "fly".
11. ____________ ska du åka på semester nästa år?
    Nästa år ska jag åka till Lappland och vandra på semestern. Det ser jag verkligen fram emot!

”Min pappa, han är bara för mycket, alltså!” stönar Viktor och sjunker ner på sin säng. ”Äh, så farligt är det väl inte?” försöker Nora. ”Han är ju lärare, han kan liksom inte låta bli att förklara och försöka lära en nya ord. Han kan inte rå för det!” Molly nickar och klappar Viktor tafatt på knät. Viktor ser sorgset på Molly. ”Och så ljög du nu igen. Min pappa kommer definitivt inte att glömma att du sagt att du ska få en hund.” → 14

ORDFÖRRÅD **14**

yrken

I vilket yrke tror du att det är flest kvinnor respektive flest män?
Kryssa i rätt ruta!

	kvinnor	män
grundskollärare	☐	☐
lastbilsförare	☐	☐
snickare	☐	☐
städare	☐	☐
barnsköterska	☐	☐
fordonsreparatör	☐	☐
butikssäljare	☐	☐
sekreterare	☐	☐
systemutvecklare	☐	☐
lagerpersonal	☐	☐

Det yrke där det jobbar flest människor är undersköterska inom hemtjänst, hemsjukvård och äldreboende.

”Äh, en liten nödlögn då och då har aldrig skadat någon!” säger Molly och ser inte alls skuldmedveten ut. ”Men vad gör vi nu?” undrar Nora. ”Nu när vi inte har någon hund att promenera med, menar jag. Och lite rätt har han faktiskt, din pappa, Viktor. Det är inte så himla skoj med promenader, egentligen.” Viktor suckar igen, men sätter sig upp på sängen. ”Jag tycker det känns som när vi var små. Molly, din mamma påminde oss om att inte glömma reflexerna. Min pappa tycker att vi är för dumma för att gå ut med hunden ensamma och din mamma, Nora, hon hade säkert sagt att vi inte får gå ensamma hem från skolan ens!” Nora och Molly fnissar, men Nora invänder: ”Nej, det skulle hon aldrig säga! Hon hinner absolut inte springa och möta upp mig varje dag.

Hon har fullt upp med Sara och Vera." "Vi skulle kunna få börja gå på fritids igen – tills någon förälder har tid att hämta upp oss!" skrattar Molly. "Dags för pysselstund med Majken och Inga igen alltså!" → 15

FAKTA **15**

fritids

Fritids, eller fritidshem som det egentligen heter, ligger i närheten av grundskolan och ska vara öppet för barn mellan sex och tretton både före och efter skolan. Fritids har också öppet på loven, så att barnen har någonstans att vara när föräldrarna arbetar. Fritids är inte gratis, men många kommuner har infört en maxtaxa, så att det inte blir för dyrt för föräldrarna. På fritids kan barnen få hjälp med läxorna och pyssla eller bara leka med sina kompisar.

Läs mer om läroplanen för fritids här: **www.skolverket.se/undervisning/fritidshemmet**

"Ta det försiktigt med saxarna!" piper Nora och försöker låta som Majken på fritids. "Och Inga sa alltid att vi skulle göra vårt bästa och inte slarva!" fortsätter Viktor. "Det är dyyyyrt med material!" Nora härmar Majken igen. Molly och Viktor skrattar hysteriskt åt Noras imitation.

Jonas knackar på dörren och sticker in huvudet. "Ni verkar ju ha det rätt kul utan hund! Jag skulle bara säga att Daniel och Snobben har kommit tillbaka nu. Om du har några frågor, Molly, så har han tid att ta en stund med dig nu på direkten. Och maten är klar om en halvtimme!" Molly nickar och försöker att se både allvarlig och intresserad ut.

När Jonas gått tillbaka ut i köket, bryter alla tre i hop av skratt. "Jag kan inte komma på en enda hundfråga, alltså!" tjuter Molly. "Äter de på morgnarna eller på kvällarna?" försöker Nora. "Alltså, Snobben åt både i går kväll och i morse, det är jag helt säker på", svarar Viktor. "Men du ska väl inte svara, Viktor!" säger Nora irriterat. "Jag försöker bara hjälpa Molly." → 16

Viktor tar fram ett block och en penna, för att börja skriva upp alla frågor de kommer på. "Men seriöst, Viktor!!" stönar Molly, "nu får du väl ändå ge dig?!"

Noras telefon ringer och det är hennes mamma Linda. "Hej älskling, var är du?" undrar hon och innan Nora hinner svara fortsätter hon: "Kan du komma hem direkt? Det är ett nödfall och jag behöver hjälp med småbarnen. Jag har ett föräldrasamtal med Nisses lärare om en halvtimme och det hade jag helt glömt. Johan är inte hemma än och jag får inte tag i honom heller. Nisse kan

 GRAMMATIK 

tidsuttryck

De här tidsuttrycken är bra att kunna! Kolla på tabellen så att du hittar rätt.

dåtid	nutid	framtid	varje
igår i förrgår	idag	imorgon i övermorgon	på dagen på dagarna
i morse	–	i morgon bitti	på morgonen på morgnarna
igår kväll	i kväll	i kväll	på kvällen på kvällarna
i natt	i natt	i natt	på natten på nätterna
i våras	i vår	i vår till våren	på våren på vårarna
i påskas	i påsk	i påsk till påsk	på påsken på påskarna
i tisdags	–	på tisdag	på tisdagar på tisdagarna

Sätt in rätt uttryck i meningarna!

1. Jag tog en kopp kamomillte och en ostmacka till kvällsfikat ___________.
2. Brukar du dricka kamomillte ___________?
3. Barnen tror inte längre på att det är påsktuppen som kom med påskäggen ___________.
4. Jag ser fram emot att krokusarna blommar ___________!
5. Usch, vad jag sov dåligt ___________. Jag hoppas att jag kommer att sova bättre ___________.
6. ___________ är det måndag, ___________ var det söndag, ___________ är det tisdag.
7. Tåget går klockan 5.48 så vi måste gå upp tidigt ___________.

inte vara ensam med Sara och Vera så länge och jag kan ju knappast ta med dem till skolan. Då kommer jag inte att höra vad läraren säger ens!" Linda drar efter andan och väntar på svar från Nora. "Om jag får ta med mig Molly och Viktor, så kommer jag meddetsamma. Vi är hemma hos Viktor och om vi springer är vi hemma om sju minuter!" Linda ropar "Underbart! Skynda er, är ni snälla!" och Nora förklarar snabbt läget för sina vänner. → 17

 GRAMMATIK **17**

indefinitiva pronomen

Det är ingen hemma! Linda behöver någon som kan hjälpa henne med småbarnen. Nora tar med sig några vänner som kan hjälpa till med syskonen.

Vi har inget att äta. Kan du köpa något på hemvägen? Jag kan köpa några pizzor, om du vill.

Ingen och någon syftar på en person.
Inget och något på en sak.
Några (och inga) är pluralformen och kan syfta både på personer och saker.

Sätt in rätt indefinita pronomen i meningarna!

1. Hallå?! Är det ____________ hemma?
2. Jag är hemma, men annars är det ____________ här.
3. Har det hänt ____________ ? Jag hörde en ambulans.
4. Nej, ____________ har hänt här. Jag vet inte vart ambulansen skulle.

De lämnar en förvånad Jonas, Daniel och hunden Snobben hemma hos Viktor och springer så fort de kan hem till Nora på Lundagatan. Linda pussar Nora på huvudet, rufsar de andra två i håret, tackar för att de kunde komma så snabbt och rusar ut genom dörren. ”Jag har precis ammat Vera, hon borde klara sig tills jag är tillbaka. Men Sara och Nisse har inte ätit än. Och inte ni heller, antar jag? Jag började att göra korvstroganoff när jag kom på att jag måste till skolan. Ni kanske kan fixa färdigt maten? Det vore toppen! Hej då, nu måste jag rusa!”

Sara står vid dörren, gråter och ropar ”MAMMA!!” Nora tar upp Sara i famnen och säger: ”Kom, vi röjer upp alla legobitarna från golvet i vårt rum, sedan läser jag en saga för dig.” Sara slutar att gråta på stört och ser genast gladare ut. Molly lyfter upp Vera från filten på golvet och känner att hon luktar bajs. ”Ojdå, det är nog bäst att byta blöja på henne! Jag har bytt blöjor på mina kusiner, så jag vet hur man gör!” Molly försvinner in med Vera i badrummet. ”Och jag hade femma i hemkunskap, jag fixar käket!” säger Viktor självsäkert. ”Kom Nisse, du och jag fixar middagen!” Nisse lyser upp och följer med Viktor ut i köket. → 18

När Linda kommer tillbaka från mötet i skolan vid halv sju, har alla barnen ätit middag och det finns till och med en portion ris och korvstroganoff kvar till henne. Sara och Vera har redan både nattblöja och pyjamas. Viktor är med Nisse i badrummet och kollar så att han borstar tänderna ordentligt.

 GRAMMATIK **18**

repetition på imperativ

Visst kommer du ihåg hur man gör imperativ? Det är himla bra att kunna om man har med småbarn att göra!

Verben i grupp 1, behåller a på slutet från infinitivformen, verben i grupp 3 är likadanan i infinitiv som i imperativ. Verben ur alla andra grupper tappar a:et. Kolla här!

	infinitiv	imperativ
1	borsta	Borsta!
2a	slänga	Släng!
2b	läsa	Läs!
3	klä	Klä!
4	äta	Ät!

Exempel:

Borsta tänderna!
Släng blöjan!
Läs sagan!
Klä på dig!
Ät din frukost!

”Ni lyckades verkligen med att få läget under kontroll här!” säger Linda beundrande. ”Vad skulle jag ha gjort utan er? Tack för att ni kom allihop och tog hand om kaoset!” Molly, Viktor och Nora ser på varandra och vet inte riktigt om de ska bli generade eller glada över att Linda är så tacksam. ”Mamma”, säger Nora, ”det står förresten på kalendern i köket att Johan jobbar i Amsterdam till på fredag. Så det var inte så konstigt att han aldrig kom hem!” ”Ja, älskling”, nickar Linda med munnen full av ris och korv, ”det kom jag också ihåg när jag hade skickat honom tusen meddelanden som han inte svarade på!”

Strax efter halv nio är Molly och Viktor på väg hem. De är trötta, men glada och väldigt mätta. Linda bjöd på glass som tack för hjälpen och de hade en väldigt mysig kväll tillsammans. ”Jag kanske ska bli kock”, funderar Viktor. ”Det var jättekul att laga mat till alla! Och Nisse var bra på att duka. Jag blev lite nervös när han ville vara med och hacka, men det gick ju bra.” Molly skrattar högt. ”Jodå, din korvstroganoff var god, men jag vet inte om det räcker för att bli kock!” Viktor tittar irriterat på henne. ”Om man går på kockskola lär man sig ju en massa andra spännande maträtter också, Molly! Det finns väl ingen restaurang i världen som bara serverar korv stroganoff?"

Molly bara skrattar åt Viktors kock-planer. "Men vet du vad, Viktor? Du gillar ju inte när jag ljuger, så nu kan du vara nöjd med mig för jag ljög inte för mamma i alla fall. Jag *har* hjälpt en kompis! Jag hjälpte inte dig med hunden utan jag hjälpte Nora med småsyskonen istället."

GLOSLISTA

stå, -r, stod, -tt ut	aushalten
ett prov, –	Arbeit/Test (in der Schule)
yr/a, –, -de, -t	wirbeln
förvånad	erstaunt
tveksam	zögernd
häng/a, -er, -de, -t med	mitkommen
en läx/a, -or	Hausaufgaben
traska, -r, -de, -t	trotteln
plocka, -r, -de, -t fram	herausholen
ett pennfack, –	Federtasche
ett humör, –	Laune
tjata, -r, -de, -t	nörgeln
en lägenhet, -er	Wohnung
glöm/ma, -mer, -de, -t bort	vergessen
sakna, -r, -de, -t	vermissen
utomhus	draußen
en stund, -er	Weilchen
trång	eng
mysig	gemütlich
en ung/e, -ar	Blage
bortskämd	verwöhnt
peka, -r, -de, -t	zeigen
vara förtjust i	mögen
påmin/na, -ner, -de, -t	erinnern
en grimas, -er	Fratze
fatta, -r, -de, -t galoppen	verstehen
ledig	frei
mörkrädd	Angst vor der Dunkelheit
ett föräldramöte, -n	Elternabend
en tambur, -er	Flur
träna, -r, -de, -t	trainieren, Sport machen
åldersadekvat	altersgerecht
rå, -r, -dde, -tt för något	nichts für können
fnissa, -r, -de, -t	kichern
en sax, -ar	Schere
härma, -r, -de, -t	nachmachen
en halvtimm/e, -ar	30 Minuten
ge, -r, gav, -tt sig	aufgeben
ett samtal, –	Gespräch
skynda, -r, -de, -t sig	sich beeilen
amma, -r, -de, -t	stillen
en filt, -ar	Wolldecke
(ett) bajs	Aa
(ett) käk	Essen

Diskussionsfrågor

1. Vad gör Nora och Viktor hemma hos Molly?
2. Beskriv vilken uppfattning du fått om a) Molly, b) Nora, c) Viktor.
3. Varför är Viktor alltid bäst på proven?
4. Vad skulle de kunna göra i Kungsan?
5. Varför kan de inte gå hem till Nora?
6. Varför tror du att Viktor inte gillar Daniel?
7. Hur kommer det sig att Viktor ofta är i Uppsala?
8. Vad tycker Viktor om att Molly har så lätt för att ljuga?
9. Varför blir det ingen hundpromenad?
10. Vad ber Noras mamma Linda om?
11. Varför går alla tre hem till Nora?
12. Vad gör de där?
13. Hur slutar kvällen?

FACIT

Vaxholmsdejten

2 Café Vetekatten på Eugeniavägen (nr 6) ligger i Solna.

4 1. hennes | 2. min | 3. ditt | 4. mina | 5. vårt

6 1. 4 | 2. 2a | 3. 2b | 4. 1 | 5. 3 | 6. 4

7 Gök, fasan och sidensvans är fåglar!

11 1. Ja! | 2. Nej! | 3. Ja! | 4. Ja! | 5. Nej!

13 1c | 2a | 3d | 4e | 5b

15 1. dig | 2. mig | 3. oss | 4. er | 5. sig

16 1f | 2c |3e | 4h | 5g | 6d | 7i | 8a | 9j | 10b

Moster Signes hemlighet

1 1b | 2g | 3e | 4a | 5f | 6d | 7h | 8c

5 1. från | 2. i | 3. till | 4. mellan | 5. åt / på

6 1. snabbare / snabbast | 2. högst | 3. mer | 4. mer energisk | 5. mest optimistisk

7 1. dricker | 2. drack | 3. äter | 4. åt

12 Giraffhals och professorskans ljusstråle finns inte!

13

singular	plural
en sak	saker
ett liv	liv
en kylskåpsmagnet	kylskåpsmagneter
ett konserthus	konserthus
en resa	resor
en penna	pennor
ett suddgummi	suddgummin
ett gem	gem
en storlek	storlekar
ett hänglås	hänglås
ett gummiband	gummiband
en påsklämma	påsklämmor
en näsduk	näsdukar
ett anteckningsblock	anteckningsblock

15 1b | 2c | 3d | 4a

18

verbgrupp	infinitiv	presens	preteritum	supinum
1	stanna	stannar	stannade	stannat
2a	hänga	hänger	hängde	hängt
2b	försöka	försöker	försökte	försökt
3	tro	tror	trodde	trott
4	smyga	smyger	smög	smugit
4*	vara	är	var	varit

1. smyga | 2. försökte | 3. stannar | 4. häng | 5. är / trott / tror

21 1. mamma/mor | 2. mormor | 3. dotter | 4. moster | 5. pappa/far, morfar | 6. kusiner

Ett ABBA-relaterat äventyr

2 Det finns inget mejeri, ingen hundkoja och ingen aula i svenska hem!

8 1. lägga er | 2. koncentrera mig | 3. sminka dig | 4. lär sig | 5. gifta oss | 6. skynda er | 7. bestämma sig | 8. känner mig | 9. skilja sig

9 1. OB – ett | 2. B – possessiv pronomen **sina** | 3. B – genitiv-s Sunsanne**s** | 4. OB – en | 5. OB – plural

10 4 | 2 | 11 | 5 | 3 | 6 | 8 | 7 | 10 | 1 | 9

11 SJ betyder Statens Järnvägar.

14 1. Släng | 2. Rök | 3. Nys | 4. Tvätta | 5. Sy | 6. Drick

17 skön, grön, sakta, ljuv, tyst, lätt, varm, stilla, kort, blå, ensam, tom, ljus, hemlig, lång, glad, gnistrande

18 1. varken ... eller | 2. både ... och | 3. antingen ... eller

19 utfattig, ruinerad, barskrapad, black, ebb i kassan, bankrutt

Hundpromenad med förhinder

3 1d | 2c | 3e | 4b | 5a

4 1. pratade | 2. väckte | 3. har druckit

7 hall: skohylla, hatthylla | sovrum: säng, nattygsbord, garderob | kök: matbord, köksstol, kylskåp | badrum: badkar, toalettstol | vardagsrum: fåtölj, soffa, bokhylla | arbetsrum: skrivbord

8 en mil = 10 km

9

Kl. halv sju	(6.30)	frukost
Kl. kvart i nio	(8.45)	förmiddagsfika
Kl. elva	(11.00)	elva-kaffe
Kl. kvart över tolv	(12.15)	lunch
Kl. fem i halv tre	(14.25)	mellanmål
Kl. tjugo i fyra	(15.40)	eftermiddagsfika
Kl. tio i sex	(17.50)	middag
Kl. fem över halv nio	(20.25)	kvällsfika

12 1b | 2d | 3e | 4a | 5c

13 1. när | 2. varför | 3. hur | 4. vilka | 5. vem | 6. vad | 7. varifrån | 8. vilken | 9. var | 10. vilket | 11. vart

14

	kvinnor	**män**
grundskollärare	74 %	
lastbilsförare		92 %
snickare		99 %
städare	73 %	
barnsköterska	91 %	
fordonsreparatör		97 %
butikssäljare	61 %	
sekreterare	79 %	
systemutvecklare		81 %
lagerpersonal		76 %

16 1. igår kväll | 2. på kvällen / på kvällarna | 3. på påsken / på påskarna | 4. i vår / till våren | 5. i natt, i natt | 6. idag, igår, imorgon | 7. i morgon bitti

17 1. någon | 2. ingen | 3. något | 4. inget

Weitere spannende Lerngeschichten auf Schwedisch

Carina Middendorf

Väst-noveller

Lerngeschichten aus Westschweden

113 S. mit Sprachaufnahmen zum Download
Kartoniert
ISBN 978-3-96769-019-4

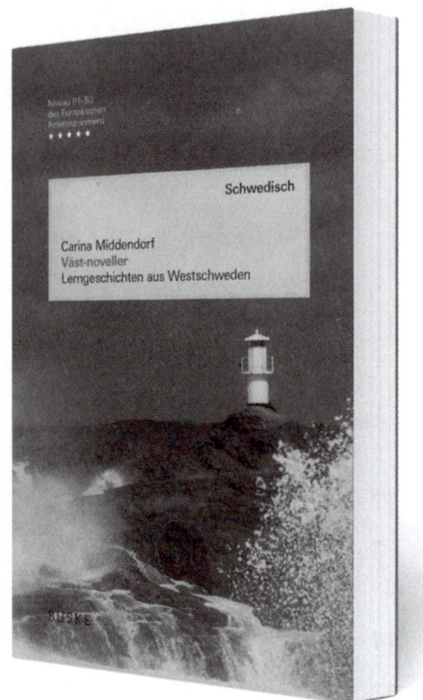

Dieses Lesebuch führt Schwedischlernende, die bereits das Niveau B1 des Gemeinsamen Europäischen Referenzrahmens erreicht haben, behutsam an die Lektüre literarischer Originaltexte heran. Die fünf fiktionalen Erzählungen spielen jeweils an einem Ort in Westschweden – in Svenljunga, Marstrand, Göteborg, Varberg, Borås – und vermitteln viel Wissen über das Leben in Schweden allgemein.

Ergänzt werden die Geschichten mit wissenswerten Informationen zur Geografie sowie mit Grammatikhinweisen und Wortschatzübungen. Zudem wird das Hörverstehen durch die zum Download online verfügbaren Sprachaufnahmen trainiert.

Die Vokabellisten am Ende jeder Erzählung sowie der Lösungsschlüssel im Anhang erleichtern das Selbststudium. Zugleich ist der Band auch für den Gruppenunterricht geeignet, da jedes Kapitel mit anregenden Diskussionsfragen schließt.

buske.de

Schwedisch durchs Jahr

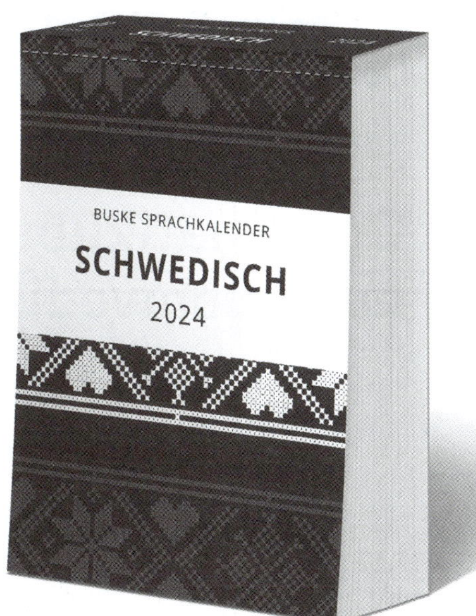

Carina Middendorf
Elizabet Gerber Andelius

Sprachkalender Schwedisch

640 S. mit Sprachaufnahmen zum Download
Abreißkalender
ISBN 978-3-96769-305-8 (Ausgabe 2024)

Dieser im deutschsprachigen Raum einmalige Sprachkalender Schwedisch ist eine wertvolle und willkommene Ergänzung zu Ihrem täglichen Lernpensum.

- Jährlich mit neuen Inhalten und Schwerpunkten
- Abwechslungsreiche Dialoge, Texte, Grammatik- und Wortschatzübungen
- Wissenswertes über Land und Leute, schwedische Traditionen und Besonderheiten
- Übersetzungen, Lösungen und Vokabelhilfen auf den Rückseiten der Kalenderblätter
- Angabe der schwedischen Namenstage und Sternzeichen sowie Flaggentage
- Mit online verfügbaren Sprachaufnahmen sowie QR-Codes zu weiterführenden Informationen

Der Sprachkalender Schwedisch erscheint jeweils im Juli des Vorjahres.

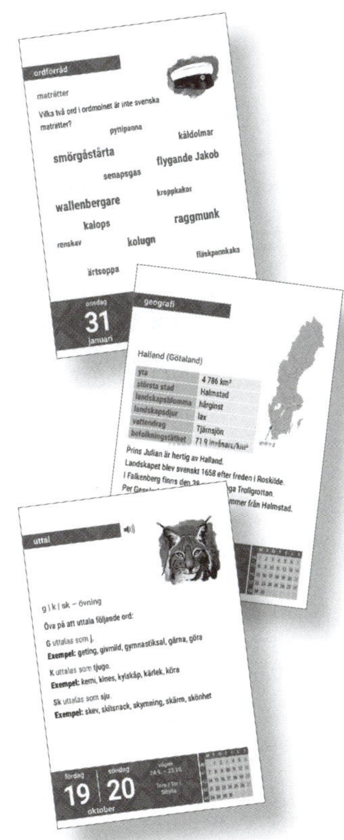

Övning ger färdighet! – Übung macht den Meister!

Irmela Adelt · Lothar Adelt

Grammatikübungsbuch Schwedisch

2., verbesserte Auflage 2012
175 S. · Kartoniert
ISBN 978-3-87548-640-7

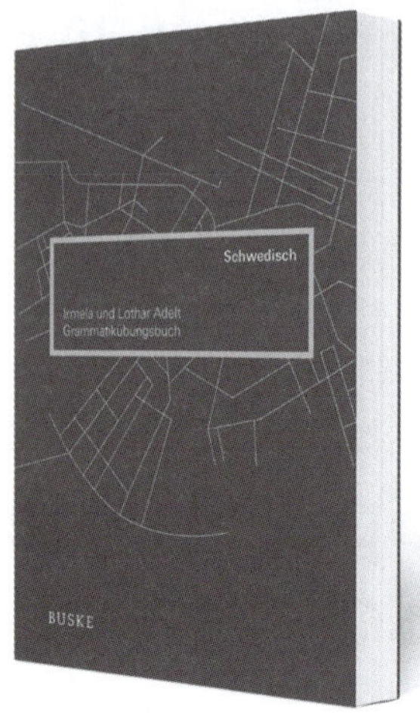

Übersichtlich und leicht verständlich werden in rund 40 Abschnitten die wesentlichen Aspekte der schwedischen Grammatik behandelt und anhand von Erklärungen, Tabellen und Beispielsätzen veranschaulicht. Jedes Hauptkapitel schließt mit einer Vielzahl praxisnaher Übungen zur unmittelbaren Anwendung des gelernten Stoffes.

Lothar Adelt · Irmela Adelt

Grund- und Aufbauwortschatz Schwedisch

9000 Wörter zu über 100 Themen

2., durchgesehene Auflage 2017
XII, 370 S. · Kartoniert
ISBN 978-3-87548-845-6

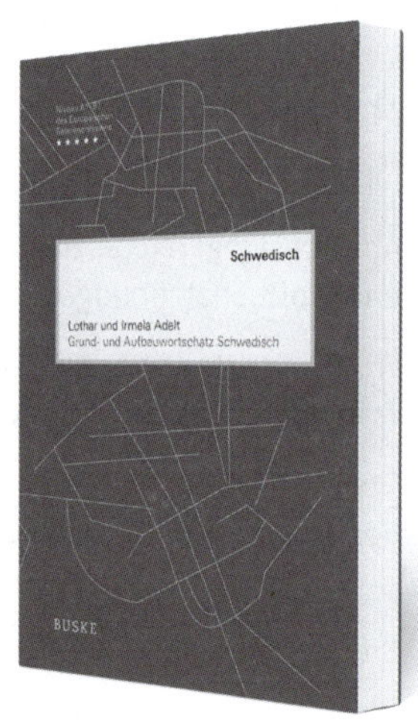

In 24 Hauptkapiteln und in über 100 Themenbereichen wird der Wortschatz des modernen Lebens benutzerfreundlich präsentiert. Die rund 9.000 Wörter und Wendungen bzw. Anwendungsbeispiele sind nach einer Auswertung aller deutschsprachigen Schwedischlehrwerke zusammengestellt worden; zudem wurde der in den Sprachkundigenprüfungen I und II geforderte Wortschatz aufgenommen.

buske.de

Intensiv Schwedisch lernen

„Intensiv" bedeutet bei uns, dass du im Einzelunterricht oder in kleinen Gruppen bis max. acht Personen Schwedisch lernst. Mit unseren schwedischen Dozenten und Referenten entwickelst du von Beginn an ein Gefühl für die schwedische Sprache. „Intensiv" heißt aber auch: Wir bieten eine entspannte und freundliche Atmosphäre, um dir das Lernen zu erleichtern. Seit 2020 bieten wir ausschließlich Onlinekurse auf allen Niveaus an, was die Teilnahme für Schwedischinteressierte im gesamten deutschsprachigen Raum ermöglicht.

Für den beruflichen Erfolg

Die Schweden denken, arbeiten und entscheiden anders als die Deutschen. Wenn du mit Schweden zusammen arbeitest, kann das Wissen darüber entscheidend für den geschäftlichen Erfolg sein. Passend zu deinem Business konzipieren wir Schulungen für dich und deine Mitarbeiter.

Weitere Informationen unter **svenskaintensiv.de**